Sorry I didn't
that ....

... répétez
s'il vous plaît

French for business and pleasure

G.D.A.Sharpley

Multilingua

Sorry I didn't quite catch that ...
... répétez s'il vous plaît

First published in 1996 by
Multilingua,
Park House, 13 Charlotte Street,
Bristol, BS1 5PP, England

© G.D.A.Sharpley 1996
Cartoons by A. Riley

A catalogue record for this book is
available from the British Library

Printed by The Cromwell Press, Melksham

ISBN 0 9528071 0 6

Contents

The names of all characters and organizations in this course are fictional and are not intended to represent any actual persons or places. It should also be pointed out that the village of Agincourt is little more than a hamlet, known to the French as Azincourt.

Sorry I didn't quite catch that .... **répétez s'il vous plaît**

French for business and pleasure

Audio-cassette, 100 mins
ISBN 0-952-8071-5-7

A copy of the cassette can be obtained from a bookshop,
or send a SAE to the publisher for an order form.

 Multilingua

Park House, 13 Charlotte Street,
Bristol, BS1 5PP

About the course

Michael Proudie's survival guide

It's not all plain sailing for Michael as he does his best to come to terms with French manners, culture, etiquette, dress sense, business and food. Follow his step-by-step account.

Listen and solve

All dialogues have exercises to help focus listening skills. The questions are set at the beginning of the dialogues, so that from the outset you have something to listen for. If you do not manage to answer the questions first time, replay the tape and have another go.

Listen carefully to the French native-speakers and copy them – not just the sounds of individual words but the rhythm and intonation of whole sentences. What sort of sounds do French people make when they are enthusiastic, hesitant, disagreeing or just pausing in mid-sentence? Imitation exercises like this can be a welcome change from other forms of practice, and help you get under the skin of the French.

Have your say

This section gives you the chance to have a go yourself. If you use the book without the cassette, the idea is to fill the speech bubbles from a choice of expressions. Alternatively you may use the cassette to complete the same exercise – the English voice directs what you are supposed to say, and then you will hear a model answer (which will not be the *only* possible answer).

Don't be afraid to make mistakes, otherwise you may end up saying nothing at all. Some believe that mistakes are an essential part of the language-learning process. They often come about from a perfectly logical extension of a formula (think of young children who say 'writed' or 'taked' for 'wrote' and 'took'). When G.K.Chesterton once said 'If a thing is really worth doing, it's worth doing badly', he could easily have meant speaking foreign languages. People who are prepared to give full rein to their imperfections are the ones who learn most.

Reading French

This comprises short exercises based on texts and paperwork which crop up in the story. As with listening comprehension, practise the skill of focusing on the information you want to receive.

Now practise your skills

Here you have the chance to put into practice some of the topics covered in the chapter. The exercises can be done individually or in groups.

Acknowledgments

My thanks are due to all those learners who over the years have been such obliging partners and guinea-pigs – students from a variety of organisations in the west country, including Hewlett Packard, HM Customs & Excise, IOP Publishing, Nestlé Food Division, Rhône Poulenc Chemicals, SGS Thomson and Unilever international.

There have been many contributors to this project, and while I have not the space to thank them all, Richard Beard, John Bell, Anne Mangeant, Benoite Queval, Hélène Séguis, Keith Taylor, Sandrine Thomas and Rémé Villegas have all at some point or other put up with my enthusiasms, curbed, guided or rewritten them, and they deserve a disclaimer to the effect that what excesses are still evident are not due to any failings on their part. I am indebted to Andy Riley for his cartoons, which kept us all smiling while this project emerged slowly into the sunlight.

G.D.A.Sharpley

1 Finesse, bonjour!

Michael Proudie's survival guide:

 My employers, Batty Sportswear, have at last found a potential trading partner in France – a fashionwear company called Finesse just outside the village of Agincourt. Maurice, our MD, thinks my school French makes me the obvious candidate for project manager. I am not sure about this. He says there is plenty of time for me to think it through – all day if necessary – but could I be on the phone in the morning to confirm a rendez-vous with the French sales manager (**le chef des ventes**), a chap called Lapotaire.

Listen and solve (1A):

> Listen to the cassette. Focus on the questions, and don't be too anxious if you're unable to understand *everything* – build on what you do.
>
> Who does Proudie speak to immediately after the switchboard: Monsieur Delors? Monsieur Doulu? or a wrong number?

FINESSE *Finesse, bonjour!*

PROUDIE *Bonjour Madame, est-ce que je peux parler au chef des ventes, svp?*

FINESSE *C'est de la part de qui?*

PROUDIE *C'est de la part de ..... Oh! Plus lentement, svp. Je ne parle pas très bien français.*

FINESSE *Certainement. Qui est à l'appareil?*

PROUDIE *C'est Michael Proudie.*

FINESSE *Et votre société?*

PROUDIE *Batty Sportswear à Hastings en Angleterre.*

FINESSE *Pouvez-vous épeler le nom de votre société?*

PROUDIE *Oui bien sûr. Batty. B.A.T.T.Y.*

FINESSE *Un instant. Ne quittez pas, svp.*

PROUDIE *Hello? Hello? Ne quittez pas? Hello?*

FINESSE *Je vous passe le bureau de la Direction.*

BUREAU *Broussard à l'appareil. J'écoute.*

PROUDIE *Bonjour Monsieur, est-ce que je peux parler au chef des ventes, Monsieur Lapotaire?*

Sorry I didn't quite catch that .... répétez s'il vous plaît

BUREAU *Ah vous n'avez pas le bon poste. Un instant – ne quittez pas.*
DOULU *Allô, ici Monsieur Doulu, le PDG, j'écoute.*
PROUDIE *Monsieur Delors?*
DOULU *Non, Monsieur Doulu. D.O.U.L.U.*
PROUDIE *Ah, Doulu.*
DOULU *Voilà.*

> Where is the sales manager – at lunch, in a meeting, on holiday or in hospital?

PROUDIE *Est-ce que*
je peux parler au chef des ventes, Monsieur Lapotaire?
DOULU *Madame Lapotaire?*
PROUDIE *Non. Monsieur Lapotaire. Est-ce qu'il est là, svp?*
DOULU *C'est de la part de qui?*
PROUDIE *C'est de la part de Michael Proudie.*
DOULU *Je suis désolé, M. Proudie, mais elle n'est pas disponible ce matin.*
PROUDIE *Est-ce que je peux rappeler demain?*
DOULU *Si vous voulez, je lui demanderai de vous rappeler. Elle est en train de déjeuner.*
PROUDIE *Pouvez-vous répéter cela, svp?*
DOULU *Je peux demander au chef des ventes de vous rappeler.*
PROUDIE *Non, non pas du tout, je téléphone seulement pour confirmer mon rendez-vous avec le chef des ventes, le dix-neuf mars à dix heures trente.*
DOULU *Un instant. Oui, c'est bien ça, le dix-neuf mars à dix heures trente, comme prévu.*
PROUDIE *Merci beaucoup.*
DOULU *Je vous en prie.*
PROUDIE *Au revoir Monsieur.*
DOULU *Au revoir Monsieur Proudie.*

Have your say (1A):

> It's Maurice's turn to confirm a rendez-vous. Help him out by filling his speech bubbles opposite with the phrases below. (You can do this exercise with the cassette, using the pause button to give yourself time to put the English into French. Then restart the cassette and you will hear a correct version)

Au revoir M. Doulu. Goodbye M. Doulu.
Bonjour M. Doulu, c'est Maurice Bootle à l'appareil. Je téléphone pour confirmer notre rendez-vous. Hello M. Doulu, it's Maurice Bootle here. I am phoning to confirm our meeting.
Bonjour Madame, est-ce que je peux parler à M. Doulu svp. Good morning, may I speak to M. Doulu please?
Oui bien sûr, B.A.T.T.Y. Of course, B.A.T.T.Y.
Oui, c'est parfait. Yes, that's fine.
C'est de la part de Maurice Bootle de Batty Sportswear. It's Maurice Bootle speaking, from Batty Sportswear.

RECEPTION

Finesse, bonjour!

C'est de la part de qui, svp?

Pouvez-vous épeler le nom de votre société, svp?

Un instant – ne quittez pas. Je vous passe M. Doulu.

Doulu, j'écoute.

Oui, mardi 15 mai à 14h30. Ça vous convient?

A mardi alors, au revoir Monsieur Bootle.

Michael Proudie's survival guide:

I rang Finesse just after 11 a.m., which was a mistake. The French do not like interruptions to their lunch hours (12-2 p.m.), and I had overlooked the time difference.

Bonjour is the standard greeting, morning or afternoon. **Bonsoir** is used in the evening. If you don't know the person, you say **Bonjour Monsieur** or **Bonjour Madame**. **Mademoiselle** is for young and unmarried females – but always use Madame on the telephone. The standard word for *goodbye* is **au revoir**, and the informal **salut** is used for both *hello* and *goodbye*. **Allô** is used on the phone.

French people are slower to use first names than we are. Unless you know someone quite well, it's safer to stick to surnames preceded by Monsieur or Madame.

Sorry I didn't quite catch that .... répétez s'il vous plaît

When you meet a French person face-to-face, it doesn't matter if it's a new acquaintance or an old friend, shake their hand on greeting and leaving them.

Listen and solve (1B):

> Proudie now rings a hotel to make a reservation. Does he book a single or double room, and how many nights will he stay?

HOTEL   *Hôtel de la Gare. Bonjour.*

PROUDIE   *Bonjour Madame. Je veux réserver une chambre, svp.*

HOTEL   *Certainement Monsieur. C'est pour quand?*

PROUDIE   *Plus lentement, svp.*

HOTEL   *C'est pour quelle date?*

PROUDIE   *Mardi dix-huit mars, une nuit seulement.*

HOTEL   *Très bien. Désirez-vous une chambre pour 1 ou 2 personnes?*

PROUDIE   *Pardon. Pouvez-vous répéter, svp?*

HOTEL   *Désirez-vous une chambre pour 1 ou 2 personnes?*

PROUDIE   *Oh, une chambre pour 1 personne, svp. C'est seulement pour moi. C'est combien?*

> How much does it cost – 650F, 500F, or 65F? And which of these is *not* included in the price: breakfast, sauna, TV or bathroom?

HOTEL   *Une chambre pour 1 personne avec salle de bains, télévision, minibar. C'est six cent cinquante francs, Monsieur.*

PROUDIE   *Cinq cents francs? Est-ce que le petit déjeuner est compris dans le prix?*

HOTEL   *Oui Monsieur. Mais le prix est six cent cinquante francs, avec le petit déjeuner.*

PROUDIE   *C'est parfait.*

HOTEL   *Très bien. Quel est votre nom, svp?*

PROUDIE   *Proudie. Michael Proudie.*

HOTEL   *Vous pouvez l'épeler?*

PROUDIE   *Bien sûr. Michael Proudie. M.I.C.H.A.E.L. P.R.O.U.D.I.E.*

HOTEL   *Bien, c'est noté. Et quel est votre numéro de téléphone?*

PROUDIE   *L'indicatif c'est le 19 44 et notre numéro de téléphone c'est 1878 326015*

HOTEL   *Merci beaucoup. A mardi alors.*

PROUDIE   *Merci, au revoir.*

HOTEL   *Au revoir Monsieur.*

> Help Maurice book a hotel room. As before, fill his bubbles with the phrases given. (Listen to the cassette if you want to do the exercise orally and hear the answers)

Have your say (1B):

Merci Madame, au revoir. Thank you, goodbye.

Pour deux nuits, le onze et douze février. For two nights, 11th and 12th February.

C'est seulement pour moi. C'est combien? It's just for me. How much is it?

Le petit déjeuner est compris dans le prix? Breakfast is included in the price?

Oui, j'accepte. Yes please, I will take it.

Je m'appelle Maurice Bootle. My name is Maurice Bootle.

Bonjour Madame, je veux réserver une chambre, svp. Hello, I want to reserve a room, please.

M.A.U.R.I.C.E. B.O.O.T.L.E.

11

Sorry I didn't quite catch that .... répétez s'il vous plaît

Reading French:

As with the listening tasks, focus on the questions. What facilities do the bedrooms have, and how much is a double-room? What are the hotel's attractions? What does it cost to park your car there? When is annual closing? What is the tourist board rating?

à 1 km d'Agincourt   chambres avec
bains/douches, W.C., T.V.
golf - jardins - piscine
⋆ ⋆⋆⋆ NN
parking privé gratuit

HOTEL DE LA GARE
Agincourt

Prix 650F simple, 1150F double   Prix nets
tout compris avec petits déjeuners
Fermeture annuelle du 1/11 au 18/12

Batty
Sportswear & Accessories Ltd
Chichester Road Industrial Estate, Hastings Sussex
Est. 1928

Hôtel de la Gare
Agincourt, France

lundi 10 mars

Monsieur,

        Suite à notre conversation
téléphonique, j'ai le plaisir de vous
confirmer la réservation d'une chambre
pour une personne pour le mardi 18 mars.
            Je vous prie d'agréer,
Monsieur, l'expression de mes
salutations distinguées.

Michael Proudie

Michael Proudie
Production Manager

Why is Proudie writing this letter?

How was he previously in contact with the hotel?

What is the English equivalent of the last sentence:
'Je ....
distinguées'?

Pronunciation and key phrases:

Numbers 1-100

est-ce que je peux parler à Dominique Lapotaire *may I speak to DL?*
je veux réserver une chambre pour une nuit *I wish to book a room
for one night*

c'est combien? *how much is it?*

c'est bien *that's fine*

qui est à l'appareil? *who is speaking?*

> Listen to this section on the cassette, and use the pause button to give yourself the time to repeat expressions.

c'est de la part de qui? "

c'est M. Proudie à l'appareil *it's Proudie speaking*

c'est de la part de M. Proudie "

ne quittez pas *please hold*

je vous passe M. Préjuge *I am putting you through to M. Préjuge*

plus lentement svp *more slowly please*

Now practise your skills:

> You can prepare to do these by yourself, or with a tutor or partner.

1. You are part of an official reception to meet the President's wife. Would you (a) kiss her on each cheek (b) shake her hand (c) wink (d) offer her a cup of tea?
2. Lucille Villeneuve is a 21 year-old receptionist. How do you greet her if you (a) have never met (b) are friends and see her often (c) are strangers on the phone? Ask her to put you through to Monsieur Préjuge.
3. Think of an expression for Maurice's secretary with the hook.

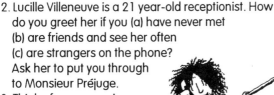

2 Allô, j'écoute

Michael Proudie's survival guide:

French people are slower to get on to first name terms than we are, and stick to **Monsieur** or **Madame** with the surname. They also use **vous**, not **tu**, for *you* (singular and plural). The **tu** form is only for an individual they know well.

Dominique later told me that the old French word for *hear*, **ouïr**, was part of the post-1066 influx of French words into England. The **vous** form, as an order or command, survives in American courtrooms and British pantomimes: **"oyez! oyez! oyez!"**. The **tu** form also survives, with the same familiarity or rudeness a thousand years later: **"oy!"**. Whether true or just an old wives' tale, I suppose 'oy' terms in English is about the equivalent of being on **tu** terms with the French.

William the Conqueror is often called William the Bastard in France. Odd it's not the other way round.

> It's now Doulu's turn to ring Proudie. Why does he do this?

Listen and solve (2A):

DOULU *Puis-je parler à Monsieur Proudie, svp?*

PROUDIE *Oui, ici Michael Proudie, j'écoute.*

DOULU *Bonjour Monsieur Proudie, c'est Jean-Louis Doulu à l'appareil. Je suis le PDG de Finesse. Nous étions en conversation hier.*

PROUDIE *Ah oui, c'est vrai.*

DOULU *Je suis désolé Monsieur Proudie, mais je dois changer la date de notre réunion.*

PROUDIE *Changer la date?*

DOULU *Oui, si c'est possible. Vous voyez, je veux être là aussi, avec notre chef des ventes.*
PROUDIE *D'accord. Quel jour préférez-vous?*
DOULU *Qu'est-ce que vous pensez du mardi dix-huit mars?*
PROUDIE *Non, je ne peux pas.*
DOULU *Pas de problème – le vendredi vingt et un?*
PROUDIE *Le vendredi vingt et un mars? A quelle heure?*
DOULU *Quand est-ce que ça vous convient?*
PROUDIE *A la même heure, dix heures trente, oui?*
DOULU *Oui d'accord, à la même heure, si ça vous convient?*
PROUDIE *Oui, c'est parfait. A vendredi prochain.*
DOULU *A vendredi prochain, alors. Au revoir Monsieur Proudie, et excusez-moi encore.*
PROUDIE *Je vous en prie. Au revoir Monsieur Doulu.*

> When do they arrange to meet – Thursday at 2.15 or Friday at 10.30?

Have your Say (2A):

> M. Doulu now rings Maurice. Fill his bubbles as before.

Un instant, ne quittez pas. Oui c'est bien, le seize mai à quatorze heures trente? D'accord Monsieur. One moment, please hold the line. The 16th May at 2.30? Yes, fine.

Pas de problème – quand préférez-vous? No problem – when do you prefer?

Maurice Bootle, j'écoute. Maurice Bootle speaking.

Je vous en prie – au revoir M. Doulu. Not at all – goodbye M. Doulu.

Bonjour M. Bootle, c'est Jean-Louis Doulu à l'appareil. Je suis désolé mais je dois reporter notre rendez-vous.

Le lendemain, le 16 mai. Si vous êtes disponible dans l'après midi, que pensez-vous de 14h30?

Donc, à la semaine prochaine, et excusez-moi encore.

Sorry I didn't quite catch that .... répétez s'il vous plaît

Michael Proudie's survival guide:

Speaking French on the phone is not easy. I wouldn't say I was perfect when face-to-face, but at least there is body language. The French give their phone numbers in pairs (e.g. 24.82.51.67 is vingt-quatre, quatre-vingt-deux, cinquante et un, soixante-sept), so I need to be spot-on with numbers 1—100. The same goes for the alphabet. I can spell my own name now, but I need to master all the letters – people are often spelling out details to me. Another point to watch is the French preference for the 24-hour clock. Again, numbers, numbers, numbers....

Listen and solve (2B):

What does the zoo offer instead of rooms?

ZOO *Allô, Parc Zoologique d'Agincourt.*

PROUDIE *Bonjour Monsieur. J'ai une chambre pour le mardi dix-huit mars mais je dois changer la date.*

ZOO *Ah, non Monsieur. Vous vous êtes trompé de numéro. Ce n'est pas un hôtel et nous n'avons pas de chambres – seulement des cages!*

PROUDIE *Pouvez-vous répéter svp? Est-ce bien l'Hôtel de la Gare?*

ZOO *Non Monsieur, c'est le Parc Zoologique d'Agincourt à l'appareil. Je crois que vous vous êtes trompé de numéro.*

PROUDIE *Ah! Je comprends. Je suis désolé de vous déranger.*

ZOO *Je vous en prie. Au revoir Monsieur.*

PROUDIE *Au revoir Monsieur.*

What is the day and date of the new hotel reservation: (a) Thursday 20th March (b) Friday 21st March (c) Wednesday 19th March?

HOTEL *Allô, ici l'hôtel de la Gare, j'écoute.*

PROUDIE *Bonjour Madame. J'ai une chambre pour le mardi dix-huit mars, mais je ne peux pas venir. Je veux changer la date, svp.*

HOTEL *Bien sûr, Monsieur. C'est à quel nom?*

PROUDIE *Proudie. Michael Proudie.*

HOTEL *Et quand désirez-vous venir?*

PROUDIE *Le jeudi vingt mars, svp.*

HOTEL *Deux jours plus tard, alors?*

PROUDIE *Oui, c'est ça.*

HOTEL *Pas de problème, Monsieur Proudie. A jeudi prochain, alors.*

PROUDIE *Parfait. Au revoir Madame.*

HOTEL *Au revoir Monsieur.*

Have your say (2B):

> Now Maurice gets through to the wrong number. Fill his bubbles.

Je suis désolé de vous avoir dérangé. Au revoir. I'm sorry to have disturbed you. Goodbye.

Oui, Bootle. Je veux changer ma réservation. Yes, Bootle. I want to change my reservation.

Est-ce bien l'hôtel de la Gare? It is the Hôtel de la Gare, isn't it?

Je suis désolé, je me suis trompé de numéro. I am sorry, I have the wrong number.

Bonjour Monsieur, j'ai une chambre pour la semaine prochaine au nom de Bootle. Hello, I have a room booked next week in the name of Bootle.

Allô?

Bootle ??

Qu' est-ce que vous voulez dire? Est-ce que vous pensez que c'est un hôtel ? Hein! Encore quelqu'un qui s'amuse ! Je vais appeler la police.

Hôtel de la Gare ? Quoi? Tu entends ça, Marie-Christine! Quel imbécile, celui-là !

On dirait bien !

Un hôtel ! Peuh !

Sorry I didn't quite catch that .... répétez s'il vous plaît

Reading French:

Name three kinds of creatures in the zoo

On what days does the zoo close?

How much does it cost to park your car?

On what condition are dogs allowed in the park?

PARC ZOOLOGIQUE
Agincourt

calme - détente - plein air

un parc loin de toute pollution et des bruits de la ville

oiseaux - lions - ours - singes - éléphant

ouvert tous les jours

cafétéria

chiens admis en laisse

parking gratuit   accès facile

Finesse

62310 Agincourt

M.Michael Proudie
Batty Sportswear
Hastings, Sussex

jeudi 03 mars

Monsieur Proudie,

Suite à la conversation téléphonique que vous avez eue avec M. Doulu, je crois comprendre que vous vous rendez en France par avion et non pas par le Tunnel sous la Manche. Il vous faudra donc prendre le train à la Gare du Nord, direction Arras. Puis vous devrez prendre une correspondance pour Agincourt. L'Hôtel de la Gare se trouve près de la gare, à l'est du centre ville.

Veuillez trouver ci-joint un plan du centre d'Agincourt qui vous fournira de plus amples informations.

Vous souhaitant un bon voyage et dans l'attente de faire votre connaissance, je vous prie d'agréer, Monsieur Proudie, l'expression de mes sentiments les plus dévoués.

Dominique Lapotaire

Dominique Lapotaire

Dominique Lapotaire writes to confirm the changed appointment.

How does Proudie intend to travel to France?

How will he travel from Paris to Agincourt?

Which stations does he visit on the trip?

What does Lapotaire send with the letter to help Proudie find his destination?

18

Pronunciation and key phrases:

a – z,   les accents: ´ ` ^ ˌ   les majuscules: A B C

je m'appelle Henri Lapotaire *my name is Henri Lapotaire*
je vais vous l'épeler *I'll spell it for you*
    D.O.M.I.N.I.Q.U.E. L.A.P.O.T.A.I.R.E.
je téléphone pour confirmer notre rendez-vous *I'm ringing to
    confirm our meeting*
quel est votre nom? *what is your name?*
est-ce bien Monsieur Préjuge? *that is Mr Préjuge?*
vous vous êtes trompé de numéro *you have the wrong number*
oui, c'est ça *yes, that's right*
voilà *there you are*
je suis désolé(e) *I'm sorry*
je vous en prie *not at all*

Now practise your skills:

1. Ring M. Doulu and confirm
   your appointment for 3 p.m.
   tomorrow afternoon.
2. Ring a hotel to ask for a room
   for one night. Ask how much it costs.
3. Spell your name and address, and that of the person nearest to you.
4. In pairs, one telephones the other. You get the wrong number (e.g. la
   reine d'Angleterre, un institut de massage, une prison).
5. Think of a suitable expression for the elephant in the illustration.

3 En route

Michael Proudie's survival guide:

I arrive at Charles de Gaulle Airport and take the regional metro, **le RER** (Réseau Express Régional) into Paris.

Au revoir is the standard expression for *goodbye*, but there are also a number of other phrases, like **à bientôt**, *see you soon* (not necessarily the same day), **à plus tard** *see you later* (often the same day), **à tout à l'heure** *see you shortly*, **à demain** *see you tomorrow*. **Bonne journée** is similar to the American *have a nice day*, (or **bonne soirée** in the evening).

Listen and solve (3A):

PROUDIE *Excusez-moi, Le Figaro, svp.*
VENDOR *Cinq francs cinquante Monsieur.*
PROUDIE *Je suis désolé, mais je n'ai pas de monnaie.*

> Proudie arrives in France. He buys a newspaper. How much is it, and how far is the station from the airport?

VENDOR *Un billet de cent francs? Pas de problème. Et maintenant vous avez quatre-vingt-quatorze francs cinquante de monnaie.*
PROUDIE *Merci beaucoup. Est-ce que la gare est loin d'ici?*
VENDOR *Non, la gare se trouve à environ trois kilomètres d'ici. Les taxis et les bus sont à la sortie.*
PROUDIE *Merci Monsieur.*
VENDOR *Je vous en prie Monsieur. Bonne journée.*
PROUDIE *Taxi! Taxi! A la Gare du Nord, svp.*

> At the station he buys a ticket to Agincourt: how much is the ticket, when does the train leave, and from which platform?

PROUDIE *Je désire un billet pour Agincourt, svp.*
VENDOR *Un aller simple ou un aller-retour?*
PROUDIE *Excusez-moi, répétez svp.*
VENDOR *Un aller simple ou un aller-retour?*
PROUDIE *Un aller-retour, svp.*
VENDOR *Première ou deuxième classe?*
PROUDIE *Deuxième.*
VENDOR *Cent cinquante-six francs, svp Monsieur.*
PROUDIE *Cent cinquante-six francs?*
VENDOR *Oui, c'est ça.*

PROUDIE *J'ai un billet de deux cents francs.*
VENDOR *Pas de problème, Monsieur.*
PROUDIE *A quelle heure est le prochain train pour Agincourt?*
VENDOR *Quatorze heures trente.*
PROUDIE *De quel quai part le train?*
VENDOR *Quai numéro quatre, changement à Amiens.*
PROUDIE *Merci, au revoir.*
VENDOR *Je vous en prie. Au revoir, Monsieur.*

Have your say (3A):

> Help Maurice buy a train ticket with the phrases below.

Merci. Thank you.

De quel quai part le train pour Agincourt? Which platform is the Agincourt train?

Un billet pour Agincourt svp. A ticket to Agincourt please.

Voilà, trois cent quatre-vingts francs. Dites-moi, à quelle heure est le prochain train pour Agincourt? There you are, 380F. Tell me, when is the next train to Agincourt?

Un aller-retour svp, première classe. C'est combien? A return please, first class. How much is it?

Combien de temps dure le voyage pour Agincourt? How long is the journey to Agincourt?

Michael Proudie's survival guide:

The **TGV** (le Train à Grande Vitesse, i.e. intercity or express) is very quick, and I can report that the **SNCF** (Société Nationale des Chemins de Fer) gives a pretty good service. I arrive quite early at the Hôtel de la Gare, an impressive chateau-style building on the edge of the village which belonged apparently to a local comte – who lost his head in that famous scuffle between the social orders. Wonderfully ornate and quite grand enough for me. After a quick survey of the extensive gardens, I retreat to the TV and minibar in my room, where I flick through the channels to practise my French, but fall asleep in front of an English rock band.

Listen and solve (3B):

WAITER *Boissons fraîches, boissons chaudes, sandwiches variés, confiseries. Boissons fraîches, boissons chaudes, sandwiches variés...*
PROUDIE *Oui, je vais prendre un café, svp.*
WAITER *Café noir ou café crème, Monsieur?*
PROUDIE *Un café crème.*
WAITER *Un grand café ou un petit café?*
PROUDIE *Un grand, svp.*
WAITER *D'accord. Alors, un grand café crème.*
PROUDIE *Merci.*
WAITER *Avec sucre?*
PROUDIE *Non, sans sucre.*

> Proudie catches the train and during the journey buys a cup of coffee. Does he take milk or sugar?

WAITER *Quel désastre, cette inondation, hein? C'est incroyable qu'il n'y ait pas plus de victimes, n'est-ce pas?*
PROUDIE *Pardon...?*
WAITER *L'inondation... L'eau-là!*
PROUDIE *Lola?*
WAITER *Cette photo en couverture de votre journal.*
PROUDIE *Ah oui. Excusez-moi, je ne parle pas bien français.*
WAITER *D'après votre accent, vous n'êtes pas français. Est-ce que vous êtes allemand?*
PROUDIE *Non Monsieur.*

Je suis britannique.
WAITER *Oh. Very nice. I know London very well – the Houses of Parliament, Buckingham Palace, Mme Thatcher, cricket, Benny Hill....*
PROUDIE *Oui?*
WAITER *It is so nice to practise my English.*
PROUDIE *Mais moi, je veux perfectionner mon français!*
WAITER *Hein, vous le parlez bien!*
PROUDIE *Non, je ne pense pas. C'est combien le café?*
WAITER *Douze francs. Thank you sir. Good luck and enjoy your riding on the train.*
PROUDIE *Excusez-moi?*
WAITER *Bonne journée Monsieur. Boissons fraîches, 'ot drinks......*

HOTEL *Bonsoir Monsieur.*
PROUDIE *Bonsoir. J'ai une chambre au nom de Proudie.*

> When he reaches the hotel, he offers the receptionist something as identification and security: what is it, what is his room number, and when is breakfast served?

HOTEL *Ah oui. Je peux vous demander votre carte d'identité, svp?*
PROUDIE *En Angleterre nous n'avons pas de carte d'identité. Mais j'ai mon passeport.*
HOTEL *C'est parfait. Merci. Voici la clé de votre chambre, M. Proudie.*
PROUDIE *Merci.*
HOTEL *Votre chambre est au deuxième étage, numéro deux cent six.*
PROUDIE *D'accord, deux cent six.*
HOTEL *L'ascenseur se trouve dans le coin juste à droite. Jean-Pierre va vous aider à monter vos bagages.*
PROUDIE *Non, pas du tout. J'ai seulement une petite valise.*
HOTEL *Comme vous voulez.*
PROUDIE *Oh, Madame, à quelle heure servez-vous le petit déjeuner?*
HOTEL *Entre sept heures et neuf heures.*
PROUDIE *Merci Madame.*
HOTEL *Bonne soirée Monsieur.*

Have your say (3B):

> Maurice visits a café. Fill his bubbles with the phrases below.

En face du tabac? Merci. Opposite the tabac shop? Thank you.

Je vais prendre un café crème svp. I'll have a white coffee please.

Quelles boissons avez-vous? What drinks do you have?

Excusez-moi, est-ce qu'il y a un téléphone près d'ici? Excuse me, is there a telephone near here?

Bonjour Monsieur, qu'est-ce que vous voulez ?

Café, bière, limonade, jus d'orange, vin, eau minérale, whisky....

Bien.

Oui Monsieur. Vous allez au bout de la rue, et le téléphone est sur la droite, en face du bureau de tabac.

De rien Monsieur. A tout à l'heure.

Michael Proudie's survival guide:

In the morning I managed to pack the map Dominique Lapotaire sent me into the suitcase which had been deposited at the station, and am already behind the time when I discover I have no idea of how to find Finesse. A kindly citizen obliges.

Listen and solve (3C):

Proudie has lost his map. From the passerby's directions, identify the site of Finesse.

PROUDIE *Excusez-moi Monsieur .... est-ce que vous pouvez m'indiquer où je peux trouver la société Finesse?*

MAN *Hein? Quoi?*

PROUDIE *Est-ce que vous pouvez m'indiquer où je peux trouver la société Finesse ?*

MAN *Finesse? Oh Finesse ! Je connais bien. Voici la gare. Vous êtes ici à la gare, oui?*

PROUDIE *Oui, d'accord.*

MAN *Vous continuez tout droit sur cette rue jusqu'au centre ville, vous passez les feux rouges, vous traversez une grande place et après 150m environ, vous verrez une vieille église sur votre droite. Tournez à gauche dans la rue Bellevarde et Finesse se trouve sur votre droite à 100m*

environ, en face de la Chambre de Commerce.
PROUDIE *Je suis désolé mais je ne parle pas bien français. Est-ce vous
pouvez répéter plus lentement, svp?*

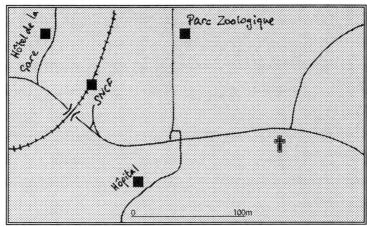

MAN *Plus lentement? Bon, d'accord. Vous allez continuer tout droit dans
cette rue jusqu'au centre ville, vous passez les feux rouges, vous
traversez une grande place et après 150m environ, vous verrez une
vieille église sur votre droite. Tournez à gauche dans la rue Bellevarde et
Finesse se trouve sur votre droite à 100m environ, en face de la
Chambre de Commerce.*
PROUDIE *Je traverse la place, et à droite à l'église?*
MAN *Non! L'église est sur votre droite, mais vous allez tourner à gauche.*
PROUDIE *Ah! Merci beaucoup.*
MAN *Je vous en prie, Monsieur.*

Reading French:

> How many people died in the flooding? Some
> people have lost the supply of certain services.
> What are they? What is happening to the water
> level, and what are people doing about it?

INONDATIONS DANS LE NORD – DEUX MORTS

De violents orages se sont
abattus sur le département
du Nord où certaines
localités sont privées
d'électricité et de
téléphone. D'autres,
comme Villeneuf,
sont menacées d'isolement,
l'eau continuant à monter.
Les habitants se tiennent
prêts à quitter leurs
demeures en cas de
nécessité.

HOTEL DE LA GARE

REGLEMENT INTERIEUR:

- Les escaliers de secours se trouvent à côté de l'ascenseur.
- En cas d'incendie, les résidents sont priés de se rassembler devant l'hôtel.
- Le petit déjeuner est servi le matin entre 7h et 9h.
- Le petit déjeuner servi dans la chambre entraîne un supplément de 30F.
- Les journaux peuvent vous être livrés. Veuillez les commander la veille.
- Pour les appels passés à l'extérieur, composer d'abord le 9. Le coût des appels sera ajouté à votre facture.
- Les draps sont changés tous les deux jours.
- Les boissons consommées au minibar devront être réglées en partant.
- Les animaux sont interdits dans les chambres.

When is breakfast served?
Where can you have breakfast?
Which of these facilities do the rooms offer:
(a) sauna
(b) minibar
(c) cable tv
(d) telephone
(e) choice of pets

Pronunciation and key phrases:

Listen to the words on the cassette and repeat them. Many of these words (in this and later chapters) are similar to English ones. Most of them were French first, then adopted by English. Note the difference in pronunciation and check the meanings of the French words: many of the English/French 'lookalikes' have developed different meanings – though in most cases the connection is still evident.

changer, journée, inondation, identité, journal
quai, première, incroyable, continuer, société

je désire un billet pour Paris, svp *I want a ticket for Paris, please*
un aller simple ou un aller retour? *single or return?*
à quelle heure arrive le train? *when does the train arrive?*
qu'est-ce que vous voulez prendre? *what would you like to have?*
je voudrais un café crème *I would like a white coffee*
elle voudrait un jus d'orange *she would like an orange juice*
il voudrait une bière *he would like a beer*
j'ai une réservation au nom de Proudie *I have a reservation in the name of Proudie*

26

allez tout droit *go straight on*
prenez à gauche *turn left*
prenez la première à droite *take the first right*
merci de votre assistance *thank you for your help*
de rien *not at all*

Now practise your skills:

1. How would you say goodbye to (a) the person now nearest to you, whom you will see tomorrow (b) your new boss, Olivier Sarlat, who is on his way to an evening office party (c) you are a hotel receptionist speaking to a guest who will return in the evening (d) a female stranger who has asked for directions.
2. Buy a return ticket to Paris and ask when it will arrive.
3. Order drinks for you and your friends.
4. You arrive at a hotel. Say who you are and that you have a reservation.
5. Using the map above, direct someone from Finesse to the hospital.
6. Your local railway station is visited by hundreds of French passengers who do not speak English. Their train to London leaves at 3.40 p.m. from platform 2. Announce this over the tannoy.

4 En réunion

Michael Proudie's survival guide:

I arrive late, which is a bad start. There was worse to come. Maurice never told me the sales manager was female. All I knew was her title, **le chef des ventes**. Strange how a language has rules of gender which do not conform to the different sexes. Still, Lapotaire has a good sense of humour – she'll need it when she meets Maurice.

Listen and solve (4A):

How late is Michael Proudie?

PROUDIE *Bonjour Madame.*
LAPOTAIRE *Bonjour Monsieur.*
PROUDIE *J'ai rendez-vous avec le chef des ventes à dix heures trente. Je suis quinze minutes en retard. Est-ce que Monsieur Lapotaire est là, svp?*
LAPOTAIRE *Monsieur Lapotaire?*
PROUDIE *Yes please. Sorry ...*
Oui. Téléphonez-lui, svp,
et dites-lui que je suis ici.
LAPOTAIRE *Et vous êtes*
Monsieur...?
PROUDIE *Michael Proudie. Je*
suis ici pour voir M. Lapotaire.
J'ai une réunion avec lui, et
je suis un peu en retard.
LAPOTAIRE *Je suis désolée*
Monsieur, mais il n'y a pas
de Monsieur Lapotaire
qui travaille dans cette
entreprise. En revanche,
si vous voulez dire Madame
Lapotaire, c'est moi-même.
Je suis employée ici en tant
que chef des ventes.
PROUDIE *Dear oh dear.*
Excusez-moi. C'est très

important. *Vous devez absolument téléphoner au Directeur pour dire que je suis ici, que M. Proudie est ici.*

LAPOTAIRE *M. Proudie, je pense que vous ne comprenez pas. Je suis le chef des ventes de cette entreprise. Mon nom est Lapotaire. Madame Lapotaire.*

PROUDIE *Vous?*

LAPOTAIRE *C'est ça.*

PROUDIE *Oh désolé. Bonjour Madame, oh je suis bête... Désolé. Enchanté de faire votre renaissance.*

LAPOTAIRE *Renaissance? Enchantée de faire votre <u>con</u>naissance, Monsieur. Shall we speak in English?*

PROUDIE *Er, as you wish, fine, fine. Whichever.*

LAPOTAIRE *Please come with me. Our Managing Director, Jean-Louis Doulu, will be joining us.*

> Proudie meets Doulu. In what year was Batty founded, and name four of the sports for which the company makes clothes.

LAPOTAIRE *M. Doulu, je vous présente Michael Proudie de la société Batty Sportswear en Angleterre. Voici M. Doulu, notre Directeur Général.*

DOULU *Enchanté M. Proudie.*

PROUDIE *Enchanté de faire votre connaissance M. Doulu. Je suis très content d'être en France. En Angleterre, il pleure tout le temps.*

LAPOTAIRE *Pleurer? Vous pleuriez?*

PROUDIE *Non, non, il pleut!*

DOULU *Ah. Asseyez-vous, je vous en prie. Donc vous vendez des vêtements de sport?*

PROUDIE *Oui. C'est ça.*

DOULU *Au départ Batty Sports était un magasin d'articles de sport créé en 1928 par un athlète britannique qui était un joueur de cricket, n'est-ce pas?*

PROUDIE *Oui, en effet! C'est toute une légende en Angleterre.*

DOULU *Je l'ai lu dans votre brochure. Je n'y ai pas compris grand chose. Donc, quels sont vos produits?*

PROUDIE *Nous faisons des vêtements et des accessoires pour une gamme de sport et de loisirs : tennis, football, golf, équitation, pêche et alpinisme.*

DOULU *Et que savez-vous sur la mode?*

PROUDIE *Et bien pour être honnête, pas grand chose.*

DOULU *Oui je vois....*

Sorry I didn't quite catch that .... répétez s'il vous plaît

Have your say (4A):

> Maurice arrives at a company. Fill in his bubbles with the phrases.

Merci pour le café. Thank you for the coffee.

Oui Madame, avec du lait svp. Yes, with milk please.

Bonjour Madame, j'ai rendez-vous avec M. Doulu à 15h30. Good morning, I have an appointment with M. Doulu for 3.30 p.m.

Certainement, il est au troisième étage, n'est-ce pas? Certainly, he is on the third floor, isn't he?

Je m'appelle Bootle, de Batty en Angleterre. My name is Bootle, from Batty in England.

Monsieur?

Oui, et vous êtes...?

Je vais l'informer que vous êtes ici. Un instant. Allô? M. Doulu? M. Bootle est à la réception. Oui, d'accord. Bien sûr. M. Bootle, asseyez-vous svp. M. Doulu est en réunion en ce moment. Vous voulez un café ?

RÉCEPTION

Ah, M. Bootle, M. Doulu dit que vous pouvez monter à son bureau.

Oui, la deuxième porte à gauche.

Michael Proudie's survival guide:

The French seem to like a straightforward approach to meetings, without too much chatter about the weather, cricket, etc. The PDG, Monsieur Doulu, spoke French very fast to Madame Lapotaire, and I didn't quite catch it all. Even if the accepted language of business is

English, the French can speak their own language whenever they want to have a confidential chat. Must improve my French if I want to join in.

Listen and solve (4B):

LAPOTAIRE *Nous confectionnons une*

> The meeting now begins. Why does Batty want to market fashionwear under a French label?

gamme de vêtements chics et de sport pour les hommes et les femmes entre 25 et 40 ans.

DOULU *Nous sommes spécialistes dans notre domaine. Nous aimons créer des modes qui ne suivent pas toujours les tendances actuelles. Pourquoi est-ce que Batty veut se diversifier?*

PROUDIE *Les grands magasins sont maintenant nos points de vente. La distribution est déjà sur place.*

DOULU *Voulez-vous vendre du prêt-à-porter sous le nom "Batty"?*

PROUDIE *Probablement pas. Une marque française reflète mieux la mode – ou bien les Anglais le croient.*

DOULU *Je suis tout à fait d'accord.*

PROUDIE *Donc, nous cherchons une société française pour vendre nos produits en France.*

DOULU *Nous pourrions vendre vos produits en tant qu'agent et recevoir une*

> Proudie finds his hosts' French very hard to follow. Is M. Doulu discussing costs, different sports, or styles of clothing?

commission ou peut-être pourrions-nous confectionner nous-mêmes les vêtements sous votre nom et les vendre en ayant une licence. Nous devrons considérer le coût de revient de la production, la distribution, comparer les prix des produits vendus au détail, les marges de profits....

LAPOTAIRE *Je me suis déjà renseignée auprès des commerçants qui vendent des articles de sport en France et les perspectives semblent bonnes.*

DOULU *J'aimerais voir des chiffres pour des prévisions de cinq et de dix ans. Chacun de nous pourrait confectionner les vêtements de sport, avoir une licence ou opérer en tant qu'agents. Toutes les options doivent être étudiées. Il y aura des frais supplémentaires de transport concernant l'import-export ainsi que des taxes d'importations indirectes – peut-être pas maintenant mais plus tard.*

PROUDIE *Sorry I didn't quite catch all of that, répétez svp.*

LAPOTAIRE *Oh, ne vous inquiétez pas. M. Doulu faisait allusion au transport des marchandises.*

DOULU *Bon, j' aimerais que vous alliez avec Mme Lapotaire visiter notre production qui est en cours.*

> What does Doulu recommend they do immediately after the meeting?

Sorry I didn't quite catch that .... répétez s'il vous plaît

Dans un mois ou deux, elle pourra se rendre en Angleterre pour visiter Batty Sportswear. Merci d'être venu, M. Proudie. Notre conversation m'a beaucoup intéressé. Mme Lapotaire va vous montrer le site et vous offrira un déjeuner.

LAPOTAIRE *Si vous avez le temps, bien sûr.*

PROUDIE *Oh oui, euh... Voyons, je dois être à la gare, euh... je ne sais pas.*

DOULU *Vous les Anglais, vous regardez toujours votre montre. Quand vous êtes arrivé, vous en aviez une?*

PROUDIE *Euh... Non... Désolé.*

DOULU *Ce n' est pas grave. J' espère vous revoir bientôt. Cela a été un plaisir. Au revoir M.Proudie.*

PROUDIE *Au revoir M. Doulu.*

LAPOTAIRE *M. Proudie, suivez-moi s'il vous plaît.*

Have your say (4B):

Fill each bubble with one of the expressions

1. **Peut-être, je ne suis pas sûr(e)**
2. **Je suis désolé(e)**
3. **Je ne suis pas d'accord**
4. **Ça ne fait rien, pas de problème**

(a)

(b)

(c)

(d)

Reading French:

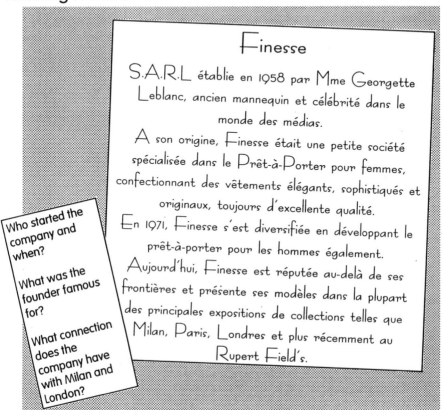

Who started the company and when?

What was the founder famous for?

What connection does the company have with Milan and London?

Finesse

S.A.R.L établie en 1958 par Mme Georgette Leblanc, ancien mannequin et célébrité dans le monde des médias.

A son origine, Finesse était une petite société spécialisée dans le Prêt-à-Porter pour femmes, confectionnant des vêtements élégants, sophistiqués et originaux, toujours d'excellente qualité.

En 1971, Finesse s'est diversifiée en développant le prêt-à-porter pour les hommes également.

Aujourd'hui, Finesse est réputée au-delà de ses frontières et présente ses modèles dans la plupart des principales expositions de collections telles que Milan, Paris, Londres et plus récemment au Rupert Field's.

Pronunciation and key phrases:

transport, plaisir, spécialiste, distribution, place, commission, licence, production, conversation

j'ai rendez-vous avec M. Préjuge *I have an appointment with M. Préjuge*
je suis cinq minutes en retard *I am 5 minutes late*
je suis cinq minutes en avance *I am 5 minutes early*
asseyez-vous svp *please sit down*
je me présente, je m'appelle Annette Clicquot *let me introduce*

Sorry I didn't quite catch that .... répétez s'il vous plaît

myself, I am Annette Clicquot

enchanté(e) de faire votre connaissance   *delighted to meet you*

laissez-moi vous présenter aux autres   *let me introduce you to the others*

Dominique, je vous présente M. Proudie   *Dominique, this is M. Proudie*

Now practise your skills:

1. You arrive at a company reception desk: explain you are 10 minutes early for an appointment with M. Doulu.
2. Introduce yourself to the three people whose cards are shown on the facing page. Then introduce them to each other.
3. Taking the role of each of the three, spell your name and address.

5. Think of as many excuses
   as you can for the man on
   the floor not to come to
   the phone.

5 Bon appétit !

Michael Proudie's survival guide:

Madame Lapotaire gives me lunch. The French like to do business at mealtimes, and this is an opportunity to push things along. Many of the items on the menu are recognizable. According to my hostess, English-speakers use old English names for the animals but French names for the meat, *veal/calf* (**veau**), *beef/cow* (**boeuf**), *venison/deer* (**venison**), *pork/pig* (**porc**) and so on. After 1066 animals were apparently given to the Saxons to look after until their Norman masters chose to eat them. Whatever the history, I am in no doubt that *veal casserole* has a lot more *je ne sais quoi* than *stewed calf*.

Listen and solve (5A):

> Which menu does Proudie choose – the *menu touristique* or *gastronomique*? And what does he have as a 1st course?

LAPOTAIRE *Vous voulez parler français?*
PROUDIE *Oui, bien sûr.*
LAPOTAIRE *Qu'est-ce que vous allez prendre, alors?*
PROUDIE *Qu'est-ce qu'il y a au menu? Voyons... ah, un bifsteack peut-être.*
LAPOTAIRE *Le bifsteack? Oh! Les Anglais! Toujours le bifsteack! Il y a un contrefilet.*
PROUDIE *C'est un bifsteack?*
LAPOTAIRE *Oui, c'est ça, mais vous devez prendre le menu gastronomique.*

PROUDIE *Mais non...*
LAPOTAIRE *Oui, j'insiste.*
PROUDIE *Oh non, non....*
LAPOTAIRE *Si! J'insiste, M. Proudie. Vous êtes mon hôte.*
PROUDIE *Oh. Merci. Les cuisses de Grenouille – Is that frogs' legs?*
LAPOTAIRE *C'est ça. "Gren<u>ouille</u>".*
PROUDIE *Ah, Grenouille.*
LAPOTAIRE *Ou bien, que pensez-vous d'une Andouillette?*
PROUDIE *Est-ce que vous pouvez m'expliquer ce que c'est?*
LAPOTAIRE *C'est une spécialité de la région. Une saucisse aux tripes. Ou peut-être préférez-vous les Rillettes?*
PROUDIE *Oui, peut-être. Mais qu'est-ce que c'est?*
LAPOTAIRE *C'est difficile à dire...mais c'est le plat le plus original du menu, et c'est également la spécialité de la maison. Mademoiselle?*
WAITRESS *Oui Madame?*
LAPOTAIRE *Comment est-ce qu'on dit en anglais 'Rillettes'?*
WAITRESS *I believe it is the outside of a pig's ear, grated, Madame.*
LAPOTAIRE *Voilà.*
PROUDIE *Délicieux, mais peut-être pas. Je vais prendre une Andouillette, svp.*

How many people are vegetarian in France?
What does Dominique choose to eat?

LAPOTAIRE *Bien. Et comme plat principal? Le veau est très bon. C'est une viande très tendre, et elle est délicieuse.*
PROUDIE *Oh! Savez-vous qu'en Grande Bretagne cinq pour cent de la population est végétarienne?*
LAPOTAIRE *Vraiment ? En France c'est moins d'un demi pour-cent... Il y a les Quenelles de Brochet à l'Armoricaine. C'est du poisson avec une sauce tomate assez épicée.*
PROUDIE *Oui merci, Je vais prendre les Quenelles. Les Andouillettes, et ensuite les Quenelles.*
LAPOTAIRE *D'accord. Mademoiselle!*
WAITRESS *Oui Madame?*
LAPOTAIRE *Monsieur va prendre le menu à 160F, les Andouillettes suivies des Quenelles.*
WAITRESS *Oui certainement, et pour vous, votre plat habituel?*
LAPOTAIRE *Oui, les Escargots, ensuite un contrefilet grillé.*
PROUDIE *Vous prenez le bifsteack?*
LAPOTAIRE *Oui.*
PROUDIE *Mais vous préférez l'Andouillette, n'est-ce pas?*
LAPOTAIRE *Oh, non. Je n'aime pas du tout ça. J'adore le bifsteack.*
WAITRESS *Comment voulez-vous votre steack, Madame?*

Sorry I didn't quite catch that .... répétez s'il vous plaît

LAPOTAIRE *Saignant.*
WAITRESS *D'accord. Voulez-vous prendre un apéritif?*
LAPOTAIRE *Non, merci. Mais nous allons prendre une bouteille de vin rouge de la maison avec le repas.*
WAITRESS *Très bien – c'est tout?*
LAPOTAIRE *Oui, merci. Maintenant au travail. S'il vous plaît M. Proudie, dites-moi, quels produits de Batty Sportswear seront populaires en France?*

Have your say (5A):

> Help Proudie choose his meal by filling in his bubbles

Je vais prendre le bifsteack. I'll have the steak.
À point, et je prendrai une bouteille de vin rouge de la maison.
Medium. I am going to have a bottle of the house red.
Je vais prendre le menu à 100F. I'll have the 100 franc menu.
Pour commencer, je vais prendre les huîtres. J'adore les huîtres.
For a starter I will have the oysters. I love oysters.

Michael Proudie's survival guide:

French cuisine is everything it's cracked up to be. The 'fringe' meat like offal and other bits which people like me normally prefer to avoid is proudly served up with great relish. Over here we eat the same stuff but generally well disguised in things like burgers and pork scratchings. French courses are more numerous – they like to have things one after the other, whereas in England we tend to eat meat and vegetables all on the same plate.

Being good cooks is only half the story. French chefs also present the food so well. Maurice always used to say French flair for presentation stopped short of the privy. Is it a British characteristic to dwell on the other end of what is the same process?

I ask my hostess for a lesson in etiquette. She says the French always show their hands at table. It's impolite not to. I'm told this is a relic of pre-guillotine France when the aristos checked up on the credentials of the people they dined with. Your hands were your CV. I try to explain the pleasures of gardening and mending the lawn-mower.

Listen and solve (5B):

> Does Dominique have any children?
> Why does she like eating out?

PROUDIE *C'est délicieux! Vous venez souvent ici?*
LAPOTAIRE *Oui. Je n'aime pas beaucoup cuisiner.*
PROUDIE *Mais vous êtes française!*
LAPOTAIRE *Il y a des exceptions à la règle.*
PROUDIE *Vous avez des enfants?*
LAPOTAIRE *Non, je n'ai pas d'enfants, et je ne suis pas mariée – je ne le suis plus. Je suis divorcée.*
PROUDIE *Oh. J'aime bien cuisiner, mais pas tout le temps.*
LAPOTAIRE *Donc, vous aimez cuisiner et vous aimez jardiner. Nous sommes différents, alors?*
PROUDIE *C'est ça, peut-être.*
LAPOTAIRE *Est-ce que vous avez assez mangé? Vous voulez quelque chose d'autre?*
PROUDIE *Non merci, j'ai bien mangé. La nourriture française est excellente, mais la langue est difficile.*
LAPOTAIRE *Ne dites pas de sottises. Votre français s'améliore. Bien sûr qu'on fait des erreurs. Si on ne fait pas*

> What advice does Dominique give Proudie about learning French? Who pays the bill?

d'erreurs, on ne s'améliore pas. Ce n'est pas un problème. Vous devez être plus confiant. Allez-y, demandez l'addition!
PROUDIE *Oh, oui bien sûr! Mademoiselle!*
WAITRESS *Monsieur?*
PROUDIE *L'addition, svp.*

WAITRESS *Oui, j'arrive.*
PROUDIE *Bien sûr que je vais régler la note.*
LAPOTAIRE *Ah, non M. Proudie, vous demandez l'addition, et moi, je paie.*
PROUDIE *Certainement pas.*
LAPOTAIRE *Si, j'insiste. Vous êtes mon hôte.*
PROUDIE *Oh, non Madame!*
LAPOTAIRE *Si. Et appelez-moi Dominique, svp.*
PROUDIE *Si vous voulez, et appelez-moi Michael svp.*
LAPOTAIRE *Oui d'accord.*
PROUDIE *Alors, je vous remercie de votre hospitalité, Dominique. C'est
très gentil.*
LAPOTAIRE *Je vous en prie.*
PROUDIE *J'espère vous revoir le mois prochain en Angleterre.*
LAPOTAIRE *Merci. J'attends ce moment avec impatience.*

Have your say (5B):

> The meal over, Proudie must pay the bill. Fill his bubbles as before.

**Si vous permettez, je voudrais
régler la note.** If you don't mind, I'd like to pay the bill.
Bien. Je vais le prendre, merci. Fine. I'll have it thank you.
Je ne sais pas. Qu'est-ce que le framboisier? I am not sure. What
is the *framboisier?*....
je vous remercie de votre hospitalité. Thank you for your
hospitality.
C'est bon? Is it good?

Qu'est-ce que vous allez prendre comme dessert?

C'est un gâteau avec de la mousse de framboises servi avec un coulis de framboises et de fraises.

Bien sûr. C'est délicieux.

Monsieur! L'addition svp.

Pas du tout. Moi, je vais régler la note. J'insiste.

Reading French:

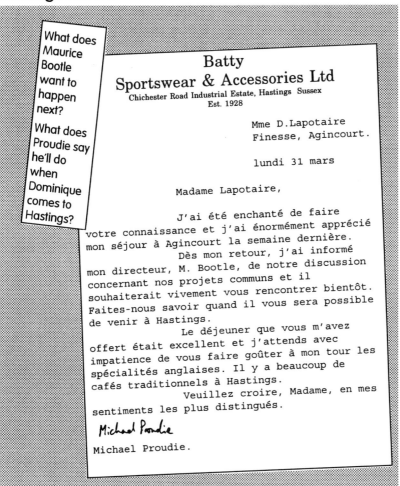

What does Maurice Bootle want to happen next?

What does Proudie say he'll do when Dominique comes to Hastings?

Batty
Sportswear & Accessories Ltd
Chichester Road Industrial Estate, Hastings Sussex
Est. 1928

Mme D.Lapotaire
Finesse, Agincourt.

lundi 31 mars

Madame Lapotaire,

J'ai été enchanté de faire votre connaissance et j'ai énormément apprécié mon séjour à Agincourt la semaine dernière.
Dès mon retour, j'ai informé mon directeur, M. Bootle, de notre discussion concernant nos projets communs et il souhaiterait vivement vous rencontrer bientôt. Faites-nous savoir quand il vous sera possible de venir à Hastings.
Le déjeuner que vous m'avez offert était excellent et j'attends avec impatience de vous faire goûter à mon tour les spécialités anglaises. Il y a beaucoup de cafés traditionnels à Hastings.
Veuillez croire, Madame, en mes sentiments les plus distingués.

Michael Proudie

Michael Proudie.

Michael Proudie's survival guide:

A long day. I make for the airport, tired but spirits high. I nearly get run over on a pedestrian crossing. French cars won't stop at them, but apparently if the worst happens the state pays for your funeral. It's something I suppose.

Pronunciation and key phrases:

ingénieur, infirmière, spécialité, original, plat, principal, grenouille, végétarien / végétarienne, excellent / excellente

pouvez-vous expliquer ce que c'est? *can you explain what this is?*
je prends le menu à 120F *I'll have the 120 francs menu*
quel est le plat du jour? *what is today's special?*
comme dessert je vais prendre une glace *for dessert I shall have an ice cream*
ce n'est pas ce que j'ai commandé *this is not what I ordered*
je vais régler la note svp *I would like to pay the bill please*
j'habite à Agincourt, près d'Amiens *I live in Agincourt near Amiens*
je suis ingénieur, elle est docteur *I am an engineer, and she is a doctor*
je suis infirmière, il est cambrioleur *I am a nurse and he is a burglar*
je travaille pour Finesse *I work for Finesse*
il aime l'escalade, le football et le tennis *he likes mountaineering, football and tennis*
j'aime nager, voyager, la chasse à courre *I like swimming, travel and riding to hounds*
je vais souvent faire du delta-plane *I often go hang-gliding*
elle va faire de la plongée sous-marine *she goes deep-sea diving*

Now practise your skills:

1. Order a meal from the menu in the role of one who (a) likes red meat (b) wants to eat fish (c) is a vegetarian.
2. Say where you live, what you do, and what your hobbies and interests are.
3. You are sitting at a table next to Maurice. The waiter does not speak English, and Maurice is trying to explain that he ordered fish. Help him out.

A la Bonne Auberge

Le menu touristique
120,00F

Potage

Pâté de la région
Melon à l'italienne
6 escargots farcis

Côtelettes d'agneau
Contrefilet grillé
Truite au lard

Plateau de fromages
ou
Desserts au choix

Café

Le menu gastronomique
160,00F

Potage

Cuisses de grenouille
Andouillette
Rillettes

Plateau de fruits de mer
Côtes de veau à la crème
Quenelles de brochet à
l'armoricaine

Plateau de fromages

Desserts au choix

Café

*Nos viandes sont accompagnées de pommes dauphines
et de haricots verts frais*

6 Bienvenue à Hastings

Michael Proudie's survival guide:

Dominique visits Hastings, and I give Maurice a lesson in how to say *hello* in French. I told him to be natural, which was probably a mistake, and err on the side of formality. Apparently Maurice's book of French etiquette recommends a kiss on greeting. I suggest probably not. A kiss is fine if you know the person quite well, but otherwise a handshake is the norm: the French shake hands everytime they greet someone or say goodbye. Maurice says he'll trust his instincts.

Dominique told me that some English people, when they meet you for the first time, walk backwards and talk about the weather. She thought we were suppressed, though Maurice may encourage her to rethink that one.

Listen and solve (6A):

| How does Dominique reach the UK? Which sport does she feel may not be popular in France? |

LAPOTAIRE *Bonjour. J'ai rendez-vous avec M. Proudie.*

PROUDIE *Bonjour Dominique.*

LAPOTAIRE *Ah, Michael. Bonjour, ça va?*

PROUDIE *Ça va très bien, merci. Avez-vous fait bon voyage? Et comment est l'hôtel?*

LAPOTAIRE *Le voyage s'est très bien passé. C'était la première fois que je prenais le Tunnel. Mon hôtel est très confortable et il a une belle vue sur la mer.*

PROUDIE *Mais on ne peut pas voir grand chose avec ce temps. Montons au bureau de Maurice.*

LAPOTAIRE *Ah oui, je l'ai eu au téléphone l'autre jour. Ce sera intéressant de voir votre production. Vous confectionnez une gamme complète de vêtements de sport, n'est-ce pas? Je pense que le rugby, le football, le golf, l'équitation sont tous populaires, en France.*

Vous pourriez même ajouter le ski sur votre liste. Mais j'en suis moins sûre concernant le cricket.
PROUDIE *Oui, vous avez probablement raison.*
LAPOTAIRE *Je pense que Monsieur Doulu sera content quand je lui présenterai mon rapport. Nous sommes impatients à l'idée d'une association outre Manche.*

Dominique meets Maurice. What is his idea for a curtain-raiser to the new 'entente commerciale'?

PROUDIE *Ah, nous voilà au quatrième étage. Maurice! Permettez-moi de vous présenter. Dominique, voici Monsieur Bootle, notre patron. Maurice, je vous présente Mme Lapotaire de Finesse.*
BOOTLE *Bonjour, bonjour Mme Lapotaire. Bienvenue en Angleterre et à Batty Sportswear.*
LAPOTAIRE *Heureuse de faire votre connaissance Monsieur Bootle. Vous parlez très bien français.*
PROUDIE *Je lui ai donné des leçons, mais il ne parle pas beaucoup.*
LAPOTAIRE *Vraiment? Je ne savais pas que vous enseigniez le français, Michael?*
PROUDIE *Oh, seulement pour un débutant.*
BOOTLE *Entrez dans mon bureau, je vous en prie.*
LAPOTAIRE *Regardez ces photos! Est-ce que les athlètes portent tous les vêtements Batty?*
PROUDIE *Oui pour certains. Maurice aime la photographie et en particulier les photos anciennes.*
BOOTLE *C'est moi ici.*
LAPOTAIRE *Ah bon! Vous avez joué au basket?*
BOOTLE *Basket? Rugby, Madame.*
PROUDIE *Ah oui, Maurice pense que ce serait une bonne idée si nos deux villes: Agincourt et Hastings jouaient l'une contre l'autre au rugby.*
LAPOTAIRE *Oui, bien sûr, pourquoi pas. Personnellement je ne connais pas bien l'équipe locale, mais je suis sûre que cela pourrait se faire. M. Bootle, avez-vous entendu parler d'Agincourt?*
BOOTLE *Ah oui, la victoire anglaise! Très intéressante!*
LAPOTAIRE *Et si rare!*
PROUDIE *L'idée est de promouvoir une bonne entente entre les deux sociétés et leur communauté locale. Batty sera enchanté de sponsoriser le match.*
LAPOTAIRE *C'est une bonne idée. Dites-moi, c'est vous avec le chapeau blanc?*
BOOTLE *Ah oui, c'est vrai. Between you, me and the place de la Concorde, I was quite a player once upon a time.*

Sorry I didn't quite catch that .... répétez s'il vous plaît

LAPOTAIRE *Est-ce que vous jouez encore?*
PROUDIE *Maurice n'a pas joué depuis trente ans, n'est-ce pas Maurice?*
BOOTLE *Dix. Why don't you go and fetch the young lady a cup of coffee?*
LAPOTAIRE *Non merci. Je viens de prendre mon petit déjeuner.*
BOOTLE *By the way I am going to have to speak in English.*
LAPOTAIRE *Mais vous parlez très bien français!*
BOOTLE *Do you really think so? I say. Merci Mademoiselle, merci.*
LAPOTAIRE *Madame, Monsieur, Madame.*
BOOTLE *Madame Monsieur?*
LAPOTAIRE *Ça ne fait rien. Commençons.*

> Maurice welcomes Monsieur Préjuge. Fill in his bubbles with the phrases opposite.

Have your say (6A):

Non, c'était affreux. La voiture est tombée en panne en allant à la gare.

Oui, juste à temps. J'ai dû courir sur le quai.

Oui. Je ne sais pas pourquoi on l'a construit.

Le train est très rapide en France, puis il ralentit dans le Tunnel et en Angleterre vous feriez mieux de marcher. Oh, je n'ai rien mangé depuis ce matin.

Non, j'attendrai jusqu'au dîner. Mais je voudrais bien prendre un verre. Un café, svp.

Café crème. Oh, je n'ai pas parlé des hooligans. Ils chantaient dans le train en revenant du match. Si seulement ils savaient chanter.

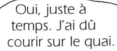

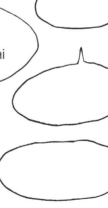

Un café, bien sûr. Un café noir, crème? A coffee, certainly. White,
black? With sugar?

**Voulez-vous manger quelque chose? Un sandwich ou prendre
un repas?** Do you want something to eat? A sandwich, a proper
meal?

Zut! Etes-vous arrivé à la gare à temps pour prendre le train?
Oh dear. Did you reach the station in time to catch the train?

Bonjour, comment allez-vous? Avez-vous fait bon voyage?
Hello, how are you? Did you have a good journey?

Etes-vous venu par le Tunnel? Did you come by the Channel Tunnel?

Mais le train va très vite par le Tunnel, n'est-ce pas? But the
train goes very quickly through the tunnel, doesn't it?

Michael Proudie's survival guide:

Most of the meeting is in English, but Maurice keeps using expressions
which are no good at all, like *sticky wickets* and figures *off the top of
his head.* If he is not going to speak French, he's got to learn to speak
the kind of English they will understand. Dominique says we have been
speaking English for so long that we have lost the knack of saying
what we mean or meaning what we say. I said I wasn't sure I could
take this entirely on board, and she said **voilà**.

Jokes are
definitely out.
Maurice misfired
badly with a joke
to Dominique
about an Apache
with his head in
a bucket of
boiling water,
and it was left to
me to explain the
significance of a
'steam injun'.
Puns are a nightmare for language novices – it's hard enough to know
one meaning of a word, let alone two. Later I managed to lose in
translation Maurice's line about **le sandwich** being widespread in
France.

Sorry I didn't quite catch that .... répétez s'il vous plaît

The French are not so used to humour as a lubricant of bonhomie at meetings, and we British should be cautious and even then only if you can carry it off in *their* language, which in Maurice's case is not a risk worth taking.

Business concludes and I show Dominique the sea. We walk along the shore, and the weather forces us to find shelter in a café.

Listen and solve (6B):

> Describe Proudie's house.

LAPOTAIRE   *La vue est magnifique. J'aime parcourir l'horizon, entendre les vagues qui déferlent et sentir le vent et la pluie. C'est bien d'avoir un peu de soleil pour changer.*

PROUDIE   *Oui, c'est vrai.*

LAPOTAIRE   *Dites-moi, est-ce que Maurice est le typique homme d'affaires sexiste?*

PROUDIE   *Sa femme le pense certainement. Désolé.*

LAPOTAIRE   *Je vous en prie. Je pense que c'est un homme charmant. Dites-moi, Michael, est-ce que vous habitez à Hastings?*

PROUDIE   *Pas dans le centre, mais j'habite dans une maison de campagne au nord de la ville. Je l'ai achetée à crédit. C'est une jolie petite maison en briques rouges, avec un jardin. Et vous?*

LAPOTAIRE   *J'habite dans un petit appartement à Agincourt. Il n'y a pas de jardin mais je n'aurais pas le temps de m'en occuper. Il n'y a qu'une chambre, un salon, et c'est tout. Mais je l'aime bien. Il est assez grand pour moi. Je ne l'ai pas acheté mais je le loue. On achète rarement un appartement ou une maison, en France.*
Est-ce que vous voyez ces bâteaux de pêche à l'horizon?

> What is the building they see above the beach?

PROUDIE   *Où? Ah, oui!*

LAPOTAIRE   *Je pense que nous devons garder nos propres identités, vendre nos produits sous leur nom existant et voir comment nous progressons. Finesse est un nom connu dans le monde de la mode et je ne pense pas qu'il soit de notre intérêt de passer à d'autres produits sans avoir préparé le terrain. Plus tard, nous pourrions distribuer nos produits sous notre propre nom, et confectionner des vêtements tout en ayant une licence.*

PROUDIE   *Cela semble être une bonne idée. En tout cas, Maurice est très enthousiaste à l'idée d'utiliser un nom français.*

LAPOTAIRE   *Quelle est cette ruine en haut du rocher?*

PROUDIE   *Ah, c'est le château. C'était une défense contre les Français.*

LAPOTAIRE   *Ah bon? Et si nous allions au château voir les grottes "Smugglers". Cela nous donnera une idée du Commerce d'import-export par ici. Hastings semble avoir un long passé. Autrefois, les Français ont* débarqué ici, n'est-ce pas?

PROUDIE *Oui, les Normands. Oh, non! – Il pleut. Nous pourrions retourner à Elly's Pantry prendre une autre tasse de thé si vous voulez bien?*

LAPOTAIRE *Oh! Vous les Anglais! A part le thé, qu'est-ce que vous aimez?*

PROUDIE *Ah, plusieurs choses.*

Michael Proudie's survival guide:

After dinner, a taxi comes to take our guests to their hotel. Maurice says **bonne nuit**. I tell him it's **bonne soirée**, not **bonne nuit**, which is what you say when you are about to go to bed. Maurice said he lived in hope. Must ask Dominique not to laugh at his jokes.

Have your say (6B):

Maurice tries to be sociable. Fill in the bubbles of his companion, with the phrases over the page.

Où habitez-vous?

Où êtes-vous allée en vacances l'année dernière?

Où allez-vous cette année?

Voulez-vous aller au cinéma ce soir?

Quatre Mariages et un Enterrement.

Oh. Pourquoi?

Vos enfants? Combien en avez-vous?

Sept.

Sept?? Hmm. Et pourquoi pas Blanche Neige?

Je dois garder mes enfants. I must look after my children.

Oh oui, Quatre Mariages et un Enterrement? Non, malheureusement je ne peux pas. Oh yes, Four Weddings and a Funeral? No, unfortunately I cannot.

J'habite dans un appartement à Paris, près de l'Arc de Triomphe. I live in a flat in Paris. It is near l'Arc de Triomphe.

Pour voir quel film? What is the film?

En Suisse. J'adore le ski. Nous étions dans un chalet au bord d'un lac. C'était formidable. Switzerland. I love skiing. We stayed in a chalet right by a lake. It was beautiful.

Je ne sais pas. Peut-être en Espagne ou peut-être que je resterai en France. I do not know. Perhaps to Spain. Perhaps I will stay in France.

Finesse

jeudi 12 mai

Cher Michael,

Je te remercie de ton hospitalité à Hastings la semaine dernière. Je peux confirmer notre réunion pour la semaine prochaine, le lendemain du match de rugby.

J'ai appris avec regret l'hernie de Maurice. S'il te plaît confirme-moi s'il pourra voyager la semaine prochaine. S'il ne peut pas, Jean-Louis Doulu sera ravi de vous rendre visite à Hastings plus tard pour rencontrer Maurice et en savoir plus concernant votre fabrication et votre distribution.

J'espère recevoir de tes nouvelles bientôt et je souhaite que Maurice se rétablisse très vite.

Amitiés,

Dominique

Batty
rtswear & Accessories Ltd
Chichester Road Industrial Estate,
Hastings Sussex
Est. 1928

FAX MESSAGE

A	:	**Finesse,**
l'attention de	:	**D. Lapotaire**
De	:	**Michael Proudie**
Objet	:	**Notre partenariat**
Date	:	**le 12 mai**

Dominique,

Merci pour ta réponse. Je te confirme que Maurice ne pourra pas aller en France la semaine prochaine. Je serai présent pour le déjeuner, puis je me rendrai au match de rugby. Je passerai te voir le lendemain au bureau pour signer le document du partenariat.

A très bientôt,

Michael

Reading French:

From this exchange of correspondence, identify (a) the nature of Maurice's illness (b) who will represent Batty at the rugby match (c) what Doulu is going to do later in the year (d) the number of days Proudie will be busy in France.

Pronunciation and key phrases:

**impatient/impatiente, charmant/charmante,
intérêt, château, hôtel, vêtements**

je suis désolée d'être en retard *sorry to be late*
je vous remercie de votre présence *thank you for coming*
avez-vous fait bon voyage? *did you have a good journey?*
commençons *let us begin*
je veux prendre rendez-vous avec M. Préjuge *I want to make an
    appointment for a meeting with M. Préjuge*
quand est-ce que ça vous convient? *when is convenient?*
je suis disponible le lendemain *I am available the day after*
je suis impatient(e) de vous rencontrer *I look forward to meeting you*
c'est parfait *that's fine*
bienvenu(e) à tous *welcome to you all*
voulez-vous patienter? *will you hold?*

Now practise your skills:

1. Introduce yourself to a group, thank them for coming, and get the meeting under way. Explain that the meeting will have to be in English.
2. Make an appointment to meet M. Préjuge tomorrow afternoon at 4.15 p.m.
3. Help Maurice ask the revellers to turn the volume down.

7 Retour en France

Michael Proudie's survival guide:

Back in France. Today I have a meeting, then lunch and later the rugby match. Tomorrow we sign the paperwork and our entente commerciale is under way.

The meeting goes OK – I say my bit in French, and even field a few questions too. There was quite a crowd, and people came and went as if for a free-for-all. French meetings mind me of their town squares where folk gather and hold separate conversations. In fact there were several 'meetings' going on at the same time. However, when Doulu spoke there was a hush and everyone listened: no doubt about who is the boss on these occasions.

The French seem to be more hierarchical and authoritarian. Our taste for collective decision-making and consensus is alien to most French business environments. Some might say we lose time and energy courting others to share our point of view, but that may be the price of 'collective commitment'. Dominique could not think of a comparable phrase in French.

The meal was a continuation of the meeting. In fact it was even more of a meeting than the meeting itself had been. Doulu sat at the head of the table, and we continued to talk shop. Dominique was rarely to be seen, and couldn't come to the match. Too busy with paperwork and procedures apparently. The less said about the rugby match the better.

Listen and solve (7A):

> What does Doulu think caused the French to lose the match?

DOULU *Ah Dominique, as-tu terminé ta paperasserie pour demain?*
LAPOTAIRE *Presque. Comment ça s'est passé aujourd'hui?*
DOULU *La réunion s'est bien passée. M. Proudie a fait une présentation en français. Son français est meilleur maintenant. Il m'a dit que tu étais en train de lui donner des leçons.*
LAPOTAIRE *Oui. Mais il travaille beaucoup. Comment était le rugby?*
DOULU *Oh, atroce! Agincourt a bien joué, mais Hastings a encore gagné grâce à l'arbitre. Il était anglais évidemment. En fait, il y avait une telle*

cohue qu'à partir de la deuxième mi-temps du match j'ai perdu de vue M. Proudie. Il viendra demain à 10 heures pour finir son discours et signer le document.

LAPOTAIRE *Je pense que M. Proudie est assez compétent, et je ne vois aucune raison pour que nous ne fassions pas bonne équipe.*

DOULU *Hmm. Bon, finissons ce document : j'aimerais emmener le brouillon chez moi.*

LAPOTAIRE *Cela ne prendra que quelques minutes de plus et puis je l'imprimerai.*

DOULU *J'ai décidé que tout ce que l'on vendra en France, y compris les vêtements de sport Batty, portera notre nom : Finesse.*

LAPOTAIRE *Oh. Monsieur Bootle voulait utiliser notre nom sur le marché britannique. Pourrons-nous en faire autant?*

DOULU *Non. Il pense qu'il est avantageux d'utiliser un nom français pour les vêtements à la mode. Moi, je ne vois pas d'avantages à utiliser un nom anglais. Et toi?*

LAPOTAIRE *Non, pas vraiment. Il vaudrait mieux que je modifie le brouillon.*

> For when is the meeting with Proudie rescheduled?

DOULU *Ici Doulu, j'écoute.*

PROUDIE *Bonjour Monsieur. Est-ce que je peux parler à Mme Lapotaire, s'il vous plaît?*

DOULU *Bonjour, M. Proudie. C'est M. Doulu à l'appareil.*

PROUDIE *Oh, vous avez reconnu ma voix.*

DOULU *Vous avez un certain accent. Mme Lapotaire n'est pas disponible en ce moment. Voulez-vous laisser un message?*

PROUDIE *Oui. Pouvez-vous transmettre mes excuses auprès de Mme Lapotaire? J'ai eu un empêchement et je ne pourrai pas venir demain matin. Je vais devoir reporter la réunion.*

DOULU *C'est dommage.*

PROUDIE *Oui, je suis désolé de téléphoner à la dernière minute. Est-ce qu'il est possible de remettre la réunion à l'après-midi?*

DOULU *Un moment, laissez-moi regarder. Oui ça va. A trois heures?*

PROUDIE *Oui, c'est parfait. Je suis vraiment désolé.*

DOULU *Ne vous inquiétez pas, M. Proudie. A demain. Au revoir.*

Have your say (7A):

> Maurice is almost on the rocks. Help him change plans by filling his bubbles.

Non! Je dois raccrocher. Je dois prendre le bateau. Je vous rappellerai plus tard. Au revoir! No! I cannot hold the line. There is a boat waiting for me. I'll ring you later. Byeee!

C'est Maurice Bootle à l'appareil. Je regrette mais je dois

remettre notre réunion à plus tard. Maurice Bootle speaking. I am afraid I have to postpone our meeting.

Non, c'est impossible. J'ai un empêchement de dernière minute. Je ne pourrai pas être là à 15h. No, it's impossible. A situation has arisen which will prevent me from getting there for 3 p.m.

Ici Doulu, j'écoute.

Oh! C'est très important, je dois vous voir aujourd'hui. N'est-il pas possible que l'on se rencontre à 15h?

Ne quittez pas svp. Je regarde mon agenda.

Oh! Quel dommage. J'aurais aimé que l'on discute de la commercialisation des maillots de bain et des bikinis. Allô? Allô? M. Bootle?

Listen and solve (7B):

> Dominique listens to the radio. In whose honour is a statue being erected, and what does this character's lifelong supporter, Georges Epee, think of this?

LAPOTAIRE   *Ah, Jean-Louis, voilà ton brouillon modifié comme prévu.*
DOULU   *Monsieur Proudie a téléphoné, il ne pourra pas venir demain matin comme convenu.*
LAPOTAIRE   *Oh? Qu'est-ce qui s'est passé?*
DOULU   *Je ne sais pas. Il viendra plutôt dans l'après-midi. Maintenant je rentre chez moi. A demain.*
LAPOTAIRE   *Au revoir Jean-Louis. Je vais écouter les informations.*

7 Retour en France

Et à Bruxelles le Président a déclaré au Parlement européen que le niveau du chômage en Europe était scandaleux. De retour à Matignon, le Premier Ministre a dit que l'Assemblée Nationale partageait l'opinion du Président, et que le chômage était un sujet plus urgent que la prospérité de la Bourse.

Ici à Agincourt, la polémique continue sur les intentions du Conseil municipal à ériger une statue en l'honneur du Général de Gaulle. De Gaulle est connu pour s'être fermement opposé à être honoré de cette manière, mais hier le maire d'Agincourt nous a dit:

"Charles de Gaulle était un grand soldat, un grand dirigeant et un grand Français. Nous devons nous souvenir de lui avec fierté." D'autres déclarent que les voeux du Général doivent être respectés. Aucune décision ferme n'a été prise, mais très tôt aujourd'hui Louise Brioche a parlé avec le Gaulliste Georges Epée, qui a été décoré pendant la guerre d'Algérie: "Je reprendrai le combat avant d'accepter une statue du Général au milieu de la place de ma ville natale. Je vis ici depuis soixante-cinq ans et je suis outré. Ce que le Général veut, le Général l'aura!"

Aujourd'hui, à la réunion à l'Hôtel de Ville, la décision finale a été reportée. Passons maintenant au sport. Un match de rugby historique s'est disputé hier entre Agincourt et la ville anglaise de Hastings. Après la

> What was the score in the rugby game?

victoire serrée des Anglais, qui ont gagné dix-neuf à trois, plusieurs spectateurs ont été légèrement blessés dans l'agitation. Un supporter anglais a été transporté à l'hôpital. Notre reporter, Daniel Francheflaire, assistait au match...

CLICQUOT   *Dominique!*
LAPOTAIRE   *Oui?*
CLICQUOT   *Désolé de vous déranger, mais j'avais pensé que vous auriez aimé voir le journal du soir. Notre Proudie est à l'hôpital.*
LAPOTAIRE   *Pourquoi?*
CLICQUOT   *Regardez le journal.*
LAPOTAIRE   *"Un Anglais à l'hôpital à cause de l'arbitre" ... Ouh là là!*

Sorry I didn't quite catch that .... répétez s'il vous plaît

Have your say (7B): Leave messages on the answerphone

"Vous êtes en communication avec le répondeur automatique de Dominique Lapotaire. Je suis désolée mais je ne suis pas là pour le moment. Si vous le désirez, vous pouvez laisser un message après le bip sonore. Merci de votre appel."

1. Ask for information about Finesse. Give your name and address.
2. Say who you are, thank the person for a delicious dinner and say you will ring tomorrow night.

La vie d'Agincourt

Un Anglais à l'hôpital à cause de l'arbitre

UN HOMME D'AFFAIRES a été blessé au cours d'un match de rugby disputé entre Agincourt et Hastings. Le match organisé par la Chambre de Commerce pour marquer une nouvelle période de relations plus rapprochées entre Hastings et Agincourt s'est avéré un match déplaisant que les Français ont perdu à cause de l'arbitre, selon certains.

Lorsque l'essai français a été refusé, une partie de la foule a déferlé sur le stade et un Anglais, M. Proudie, a été légèrement blessé. Il a été transporté à l'hôpital où il a été diagnostiqué légèrement blessé.

RESUME DE LA COUPE
DU MONDE 22

TV et RADIO	18
TEMPS	19
SPORT	20

L'ETOILE DU CINEMA
FRANCAIS S'ETEINT A
94 ANS 15

LE PREMIER MINISTRE
ANGLAIS VU AVEC LA

Plus de cent kilos de poisson jetés sur la place de la mairie par des Gaullistes en colère!

LES MANIFESTANTS se sont heurtés à la police dans le centre d'Agincourt aujourd'hui concernant le projet d'ériger une statue en l'honneur du Général de Gaulle. Douze tracteurs étaient enchaînés pour empêcher la circulation d'aller ou de sortir de la place. Quand la police a essayé de briser la chaîne, du fumier a été lancé sur les policiers par les agriculteurs en colère. Le poisson de M.Dubois, la personne qui a organisé la campagne pour l'érection de la statue, a été jeté sur la place de la mairie.

Le mystère du zoo non résolu

LE MANIFESTANT qui s'est enchaîné dans la cage aux lions à Agincourt la semaine dernière n'a toujours pas été identifié. La police pense que la manifestation contre le mauvais traitement des animaux s'est terminée de façon tragique parce que l'homme a cru que la cage était vide. Quelques-unes de ses affaires, y compris sa pancarte ont été trouvées par la suite mais jusqu'à maintenant la police s'est avérée incapable d'identifier la dépouille de la victime.

Reading French:

From the newspaper identify:

(a) Michael's condition after the accident (b) the organisers of the match
(c) the cause of the accident (d) what kind and what quantity of missiles
were thrown at the mairie over the issue to erect a statue (e) how farmers
prevented people entering or leaving the square (f) the reason for the
protestor at Agincourt Zoo remaining unidentified.

Pronunciation and key phrases:

**réservation, document, information, réunion, intention,
décision, communication, automatique, brouillon**

je suis désolé(e) mais je dois reporter notre réunion *I am sorry but I
must postpone our meeting*
je suis malade / ça me fait mal *I am unwell*
je vais le chercher *I'll get him for you*
elle est en réunion *she is in a meeting*
puis-je prendre un message? *may I take a message?*
je lui demanderai de vous rappeler *I'll ask him/her to call you back*
ici Proudie, j'écoute *Proudie here*
je dois changer la date de ma réservation *I must change the day of
my reservation*
il y a une grève à l'aéroport *there is a strike at the airport*
elle n'est pas disponible en ce moment *she is not available at the
moment*
elle est en train de déjeuner *she is having lunch*

Now practise your skills:

1. Ring M. Préjuge and change
   today's appointment for the
   same time next week.
2. Ring a hotel, cancel your
   reservation for tomorrow
   and change it to the following night.
3. You answer a colleague's phone. Explain
   he is not there, say you'll take a message and get him to call back.
4. What would you say on your colleague's behalf if the sign above read
   (a) 'at lunch' (b) 'on holiday' (c) 'in a meeting' (d) 'left the company'?

8 A l'hôpital

Michael Proudie's survival guide:

The French supporters seemed to take the view that Hastings' victory was fortuitous. Maurice later wondered what all the fuss was about. The referee he chose was his friend Geraint who couldn't possibly be biased against the French because he loved to see English teams lose. This was a flimsy piece of reasoning – even by Maurice's standards. Far more solid was the post I collided with during a moment of collective criticism of the ref's eyesight. It seems the French think of all Britain as 'Angleterre', so the ref's Welsh connections had no bearing whatsoever. The hospital insists I stay overnight.

Listen and solve (8A):

> Is Proudie concussed, does he have a broken leg, or a face wound?

DOCTOR *Comment vous sentez-vous maintenant?*

PROUDIE *Je me sens beaucoup mieux, merci docteur.*

DOCTOR *Je veux regarder le résultat de vos analyses. Alors, votre genou vous fait-il souffrir?*

PROUDIE *Oui, il me fait un peu mal, mais rien de grave.*

DOCTOR *Est-ce que votre tête vous fait mal?*

PROUDIE *Non, ça va bien.*

DOCTOR *Et votre jambe, votre pied?*

PROUDIE *Ils vont très bien aussi.*

DOCTOR *Hmmm...votre dos? Votre bras? Votre main?*

PROUDIE *Beaucoup mieux merci docteur. Puis-je partir maintenant?*

DOCTOR *Partir? Certainement pas, Monsieur Proudie. Vous avez été commotionné. Vous devez passer la nuit ici.*

> Where and how did Préjuge become ill?

PROUDIE *Sûrement pas, Docteur, pourquoi ça? Je ne suis pas sérieusement blessé.*

DOCTOR *J'insiste. C'est la procédure habituelle pour une commotion. Vous pouvez vous exercer à parler français. Je suis sûre que M. Préjuge, à côté de vous, appréciera une petite conversation, n'est-ce pas, M. Préjuge?*

PREJUGE *C'est quoi ça? Qu'est-ce qu'il y a? Qu'est-ce que vous voulez?*

DOCTOR *Je vous présente Monsieur Proudie. Il est anglais.*

8 A l'hôpital

PROUDIE *Mais docteur...*

DOCTOR *Du calme, Monsieur Proudie. Je reviendrai voir comment vous allez cet après-midi.*

PREJUGE *Anglais? Elle a bien dit que vous étiez anglais? Anglais?*

PROUDIE *Oui, je suis anglais.*

PREJUGE *Alors, qu'est-ce que vous faites en France?*

PROUDIE *Je suis ici pour le travail.*

PREJUGE *Alors, qu'est-ce qui est arrivé à votre tête? Les négociations deviennent difficiles? Vous n'étiez pas d'accord sur les conditions? Vous êtes bien tous les mêmes, vous les Anglais!*

PROUDIE *Non, ce n'était pas du tout ça. J'étais à un match de rugby et...*

PREJUGE *Aïe!*

PROUDIE *Quoi? Qu'est-ce qu'il y a?*

PREJUGE *C'est mon ventre. Il me fait mal. En réalité, il me fait terriblement mal. Rien ne peut être pire. J'étais en Algérie vous savez.*

PROUDIE *Oh, dans l'armée?*

PREJUGE *Non, en vacances. C'est quelque chose que j'ai mangé. On ne peut pas faire confiance à la cuisine étrangère. Bon, je n'ai rien contre les étrangers, et personne ne peut dire le contraire, mais ils n'ont pas la moindre idée côté cuisine.*

PROUDIE *Je ne suis pas tout à fait d'accord...*

PREJUGE *Ça ne fait rien. Les Anglais ne s'y connaissent pas en cuisine. En fait, ils ne savent guère cuisiner. Anglais, hein?*

What does Préjuge think of European Union?

Qu'est-ce que vous pensez de l'Europe unie? Ce que je veux dire par là, c'est que vous ne pouvez plus vraiment être anglais, n'est-ce pas? Nous sommes tous des Européens maintenant, même si personne ne sait ce que ça signifie. Si ce n'était pas à cause de vous, les Anglais, il y aurait déjà une Europe vraiment unie. Vous, les Anglais, vous ne voulez ni être dans la Communauté ni en dehors. Les Anglais ne savent jamais ce qu'ils veulent. Vous nous empêchez seulement d'avancer!.

PROUDIE *Vous êtes donc pour l'Union européenne?*

PREJUGE *Bien sûr ... que non. Cela va nous ruiner. En Europe on n'a plus le droit d'être fier d'être français, et à Bruxelles, ils ne font jamais ce qu'on leur dit. Souvenez-vous de Napoléon. Souvenez-vous de Charles de Gaulle. Souvenez-vous de Michel Platini. C'était le bon vieux temps.*

NURSE *C'est l'heure de votre bain, Monsieur Préjuge.*

PREJUGE *Déjà? Mais cet Anglais doit pratiquer son Français...*

NURSE *Venez, Monsieur Préjuge.*

PREJUGE *D'accord.*

Sorry I didn't quite catch that .... répétez s'il vous plaît

Michael Proudie's survival guide:

Some kind soul at the match had called an ambulance (emergency nos: **15** for **ambulance**, **17** for **gendarmes**, and **18** for **pompiers**), though I'm sure I didn't need one. Maurice's PR plan seems to have gone off the tracks – my statement to the local press has been postponed until tomorrow.

Have your say (8A):

> Now it's Maurice's turn to end up in hospital. Fill his bubbles with the phrases opposite.

Réveillez-vous M. Bootle. Chut! Vous allez déranger les autres patients.

Je suis Mme Thompson l'infirmière. Vous êtes à l'hôpital. Ne vous inquiétez pas.

Il y a eu un accident de vélo sur un passage piéton. Mais rien de grave. Comment vous sentez-vous?

Votre gorge? Hein. Dites "A".

Est-ce que votre jambe vous fait mal?

Le cycliste vous a évité et a foncé dans le mur.

Le cycliste doit rester à l'hôpital pendant deux ou trois semaines. Mais vous pouvez quitter l'hôpital aujourd'hui.

Aujourd'hui? Vraiment? Bien sûr. Pas de problème. Aïe! Today? Really? Sure. No problem. Ooof!

Comment est-ce que je suis arrivé ici? How did I get here?

Le cycliste a besoin de lunettes. The bicyclist needs glasses.

Aïe! Ça me fait très mal. Dites-moi ce qui s'est passé? Ooof! It hurts a lot. Tell me what happened?

Où est-ce que je suis? Qui êtes-vous? Where am I? Who are you?

Ma tête me fait mal, mon bras me fait mal, mes pieds me font mal. Et j'ai mal à la gorge. My head hurts, my arm hurts, my feet hurt. And my throat hurts.

"A". "R".

Listen and solve (8B):

> Identify Proudie's floor and room number in the hospital, and draw a diagram of the directions from the lift to his room.

LAPOTAIRE *Bonjour Monsieur. Je suis ici pour rendre visite à M. Proudie, à M. Michael Proudie.*

RECEPTIONIST *Ah oui, un instant, svp, Madame. Ah, voilà. Il est en salle dix. Prenez l'ascenseur jusqu'au troisième étage, tournez à gauche quand vous sortez, traversez trois portes battantes, tournez à droite au panneau indiquant 'Obstétrique' et immédiatement à gauche. Vous ne pouvez pas vous tromper.*

LAPOTAIRE *Donc, au troisième étage. Combien y a-t-il de portes battantes?*

RECEPTIONIST *Il y en a trois. C'est facile à trouver. C'est bien indiqué.*

LAPOTAIRE *Merci Monsieur.*

RECEPTIONIST *Je vous en prie.*

Have your say (8B):

> Maurice tries to put his point of view to M. Doulu. Help him by filling his bubbles.

Très bien. Comme vous voulez. Very well. As you wish.

C'est vrai, mais le Tunnel nous a liés au reste de l'Europe. True, but the Tunnel has linked us up to the rest of Europe.

Excusez-moi de vous déranger. Puis-je suggérer la confection de quelques articles en Angleterre? Excuse my interrupting, but may I suggest we manufacture some of the products in the UK?

Oui, il y a ces coûts, mais il y a déjà beaucoup de matières premières en Angleterre. Yes, there are these costs, but then many of the raw materials are already in the UK.

Reading French:

Michael Proudie drafted the following press release, including the French version. Dominique later found five French words which were obvious mistakes. Can you spot them?

This is an historic day for Hastings and Agincourt. Batty Sportswear and Finesse, companies representing these two towns, have formed a trading partnership to develop and promote each other's merchandise in Britain and France. Mr Maurice Bootle, managing director of Batty Sportswear, said today that he was delighted with the prospect of 'entente commerciale' with the French. 'Prospects for our business have never looked better' said Mr Bootle. Meanwhile in France, the managing director of Finesse in Agincourt, said he was very pleased to be involved in the process of bringing the UK closer to Europe. This is a marvellous opportunity for Batty Sportswear and in return we shall help them market fashionwear in the UK.

Mr Michael Proudie attended an inaugural rugby match as representative of the Hastings company, and said he was delighted to foster commercial and sporting links with Agincourt. 'I look forward to many years of close cooperation,' said Batty's production manager.

C'est un jour historique pour Hastings et Agincourt. Batty Sportswear et Finesse, les compagnies qui représentent ces douze villes, ont créé un partenariat pour développer et promouvoir leurs produits en Grande Bretagne et en France. M.Maurice Bootle, PDG de Batty Sportswear, a dit hier qu'il était enchanté à la perspective d'une 'entente commerciale' avec les Français. 'Les perspectives pour notre affaire n'ont jamais été aussi mauvaises' a affirmé M.Bootle. Pendant ce temps, en France, le PDG de Finesse à Agincourt a annoncé qu'il était ravi de faire partie du processus concernant le rapprochement des Etats-Unis avec l'Europe. 'C'est une occasion merveilleuse pour Batty Sportswear et en retour, nous vous aiderons à lancer la mode vestimentaire au Royaume-Uni.'

M.Michael Proudie a assisté à un match de rugby d'ouverture, en tant que représentant de la société Hastings et a annoncé qu'il était desolé d'encourager les liens commerciaux et sportifs avec Agincourt. 'J'ai hâte d'entretenir une coopération étroite et durable' a ajouté le chef de production de Batty.

Pronunciation and key phrases:

hôpital, procédure, négociations, terriblement, étranger/étrangère, accident

j'ai mal à la tête *my head hurts*
j'ai mal à l'estomac *I have a stomach ache*
où se trouve l'hôpital? *where can I find the hospital?*

Sorry I didn't quite catch that .... répétez s'il vous plaît

c'est près de la gare   *it is near the station*
c'est en face de l'hôtel   *it is opposite the hotel*
c'est à côté de la mairie   *it is next to the town hall*
aux feux tournez à gauche   *at the lights turn left*
au rond-point tournez à droite   *at the roundabout turn right*
allez tout droit, c'est après le cinéma   *go straight on, past the cinema*
au bout du couloir   *at the end of the corridor*
au troisième étage   *on the third floor*
montez   *go upstairs*
descendez   *go downstairs*
est-ce le bon chemin pour aller à Agincourt?   *is this the right road for Agincourt?*

Now practise your skills:

1. Explain to a doctor that you have (a) a headache (b) a stomach ache.
2. Give directions (a) to the nearest hospital (b) from the main entrance to where you are now.
3 Help Maurice by asking the owners of the car below to move it.

9 Un visiteur à l'hôpital

Michael Proudie's survival guide:

The journalist is not in the slightest bit interested in my prepared PR statement, and the interview is a struggle. Then Dominique appears from nowhere and shows my inquisitor the door. Goodness she looks wonderful! Do I have a fever?

She says the French often do business out of the office, for instance at meals. So why not in bed? Indeed why not? She says my pyjamas are chic – any more compliments, and I'll take 50% off Maurice's rock bottom. I try to say how much I like her dress, when I find myself saying instead that the pyjamas belong to the hospital. Dominique tells me to take care: the French often judge people by their clothes, even their pyjamas.

We are famous for our 'British reserve' and manners – even if we don't have them on show all of the time. There is something almost defensive or negative about conventions of politeness. The French by contrast seem to be more positive, and give compliments quite naturally. Do we have an inbuilt suspicion of flattery, or do we prefer to avoid the risk in exposing what we feel?

Listen and solve (9A):

JOURNALIST *Alors, laissez-moi prendre tous les détails. Votre nom est Proudie, Michael Proudie?*

> What is the journalist so keen to establish?

PROUDIE *Oui, c'est ça. C'est un jour historique pour Hastings et Agincourt et pour nos deux sociétés.*

JOURNALIST *Vous habitez à Hastings, en Angleterre, n'est-ce pas?*

PROUDIE *C'est ça. Batty et Finesse représentent nos deux villes dans un partenariat européen.*

JOURNALIST *Et vous êtes le directeur de production de Batty Sports?*

PROUDIE *Oui. Nous fabriquons des vêtements de sport.*

JOURNALIST *Avez-vous déjà eu des problèmes avec la police.*

PROUDIE *Comment ça?*

Sorry I didn't quite catch that .... répétez s'il vous plaît

JOURNALIST *Avez-vous un casier judiciaire, pour comportement violent ou criminel?*

PROUDIE *Certainement pas.*

JOURNALIST *Vous dites alors que vous n'êtes pas un hooligan.*

PROUDIE *Pas du tout. Je suis ici pour affaires, et j'ai eu un accident en regardant un match de rugby.*

JOURNALIST *En fait, vous étiez l'organisateur du match, n'est-ce pas?*

PROUDIE *Oui, c'est ça. L'idée était de promouvoir une bonne entente entre les deux compagnies.*

JOURNALIST *Pensez-vous avoir réussi?*

LAPOTAIRE *Excusez-moi, j'aimerais parler à M. Proudie seul.*

PROUDIE *Ah Dominique!*

JOURNALIST *Hein? Oui, si vous voulez. Merci M. Proudie.*

PROUDIE *De rien. Au revoir.*

PREJUGE *Vous êtes journaliste? J'ai des choses à vous dire.*

JOURNALIST *Pardon?*

PREJUGE *Je voudrais faire une déclaration. Asseyez-vous. Voilà les faits....*

> Dominique arrives, bringing flowers, and what else?

LAPOTAIRE *Bonjour Michael.*

PROUDIE *Je ne m'attendais pas à vous voir.*

LAPOTAIRE *S'il te plaît: 'te voir'. Voilà, je t'ai apporté des fleurs.*

PROUDIE *Comme elles sont belles! C'est très gentil de votre part ... de ta part.*

LAPOTAIRE *Oh, je t'en prie. Il y avait beaucoup de fleurs au marché. Alors, j'ai pensé à t'en apporter. Mais je ne suis pas ici seulement pour le plaisir. J'ai apporté les tous derniers projets de notre accord pour que tu les lises. Donc, je te rends visite aussi pour le travail.*

PROUDIE *Je suis désolé d'avoir retardé notre réunion.*

LAPOTAIRE *Pas du tout. On n'est jamais à l'abri d'un accident. Est-ce que tu souffres?*

PROUDIE *Non. J'ai été commotionné et ils me gardent en observation. Il vont me laisser partir après le déjeuner.*

LAPOTAIRE *Bien. Nous nous verrons cet après-midi à 15h00, d'accord?*

PROUDIE *Oui, bien sûr.*

LAPOTAIRE *Mais je ne viens pas seulement pour le travail. Raconte-moi ce qui s'est passé au match de rugby.*

PROUDIE *Oh, je ne me souviens pas très bien...*

Have your say (9A):

You interview M. Préjuge. Fill the speech bubbles, as before.

Jamais? Est-ce que vous pensez que le Zoo devrait être fermé? Never? Do you believe the Zoo should be closed?

Est-ce que vous pensez qu'il est juste d'enfermer les animaux dans des petites cages? Do you think it is right to confine animals in small cages?

Que faites-vous dans la vie? What is your occupation?

Depuis combien de temps habitez-vous à Agincourt? How long have you lived in Agincourt?

Merci M. Préjuge Thank you M. Préjuge

Vous allez souvent au Zoo? How often do you go to the Zoo?

Quel est votre nom? What is your name?

Sorry I didn't quite catch that .... répétez s'il vous plaît

Michael Proudie's survival guide:

The food, like the rest of the facilities here, is excellent. I get the feeling that French patients would rather go without their medicine than their meals. Dominique said she worked for a company which nearly went on strike when the restaurant had to close for refitting.

Listen and solve (9B):

PROUDIE *Ils ont montré le résumé du match toutes les demi-heures*

> What does the nurse think strange about the clothes Proudie was wearing on his arrival at the hospital?

sur la chaîne locale. Oh mon dieu! Je pense que c'est moi que l'on met dans l'ambulance.

LAPOTAIRE *Vous êtes une célébrité. Maintenant laissez-moi vous donner l'ébauche de notre accord pour que vous puissiez le regarder avant cet après-midi.*

NURSE *Bonjour M. Proudie. Ah, je vois que vous avez de la visite. Bonjour Madame. M. Proudie est un patient exemplaire. Je dois vous dire qu' auparavant je n'avais jamais vu de joueur de rugby blessé arriver à l'hôpital en costume. Voilà le déjeuner. Qu'est-ce que vous allez choisir, Monsieur? Nous avons le choix entre une soupe aux légumes ou du poisson bouilli, suivi d'une compote de pommes ou de la mousse au chocolat avec de la crème anglaise.*

PROUDIE *Ça a l'air bon. Je vais prendre le poison.*

NURSE *Le poison? Je vous assure, M. Proudie, qu' il n'y a pas de poison ici.*

> What do they choose to eat?

Est-ce que vous dites que la nourriture de l'hôpital est empoisonnée?

LAPOTAIRE *Du poisson, Michael, du poisson bouilli.*

PROUDIE *Du poisson, mais oui, bien sûr. C'est ce que j'ai choisi.*

NURSE *Voudriez-vous déjeuner aussi, Madame Proudie?*

PROUDIE *Non! Pas Madame Proudie!*

NURSE *Hein! Pourquoi pas, je vous en prie?*

LAPOTAIRE *Si! Je veux bien déjeuner. Pourquoi pas? Je vais prendre de la soupe et de la compote de pommes, svp.*

NURSE *Oh les hommes! Tous les mêmes, ils ne pensent qu'à eux! Voilà.*

LAPOTAIRE *Merci.*

NURSE *Bon appétit, à plus tard.*

Have your say (9B):

Ah bon? Hein....Garçon....alors.... apportez-nous dix verres de champagne ou du mousseux ou ce que vous avez. Yes? Ah! Waiter, make that ten glasses of champagne, or fizzy wine or whatever you have.

Enchanté. Qu'est-ce que vous désirez boire? Very pleased to meet you. What would you like to drink?

S'il vous plaît, Garçon, deux verres de votre meilleur champagne Waiter, two glasses of your best champagne, please.

Une soirée? Qu'est-ce que vous célébrez? A party? What are you celebrating?

Oh là là! Vous devez être forte. My! You must be strong.

Bonjour. Je m'appelle Maurice. Et vous? Hello, my name is Maurice. What's yours?

Félicitations! Il faut arroser ça. Champagne? Congratulations! It calls for a special drink. Champagne?

Je m'appelle Eugénie.

Rien merci. C'est très aimable à vous mais je ne devrais rien boire en fait, parce que je vais à une soirée plus tard.

Nous avons participé à la course d'aviron de Lille.

Non, je suis le barreur. Je commande les rameurs. Je donne les ordres seulement. Nous avons gagné aujourd'hui.

Vous êtes très aimable.

Ah, salut les gars! Ces huit garçons sont les rameurs.

Sorry I didn't quite catch that .... répétez s'il vous plaît

Reading French:

From the extract of the trade agreement between Batty Sportwear and Finesse opposite, identify: (a) the country in which the products will be made (b) the name under which fashionwear will be marketed in the UK (c) the name under which sportswear will be marketed in France (d) the duration of the initial term of the partnership.

Pronunciation and key phrases:

journaliste, projet, observation, quinquaillier, célébrité, champagne, meilleur, félicitations

comment on dit "Cable TV" en français *how do you say "Cable TV" in French?*
que pensez-vous de l'Europe? *what do you think about Europe?*
qu'en pensez-vous? *what's your view on this?*
qu'est-ce que vous avez? *what is the matter?*
à mon avis *in my view*
bien sûr *of course*
d'accord *quite so*
je suis tout à fait d'accord *I quite agree*
je ne suis pas d'accord *I do not agree*

Now practise your skills:

1. Ask someone what they think about (a) European integration (b) cable TV (c) volume of traffic on the roads (d) keeping pets.
2. Ring M. Doulu to say that M. Préjuge has had an accident and cannot come to the meeting this afternoon. Say you will take his place.
3. Explain to M. Préjuge that he cannot bring his pigeons into the restaurant.

Contrat entre BATTY SPORTSWEAR Ltd de Hastings, Grande Bretagne, ci-dessous appelée 'Batty', et FINESSE S.A. d'Agincourt, France, ci-dessous appelée 'Finesse'.

Batty et Finesse acceptent et conviennent par la présente:

- de définir les produits de Batty comme vêtements et accessoires de sport
- de définir les produits de Finesse comme vêtements de loisirs et de mode
- de promouvoir, de vendre, mais pas de fabriquer les produits de l'autre dans leur propre pays
- de ne fabriquer les produits de l'autre qu'avec l'accord écrit de l'autre partie, pendant la période de ce contrat et dans les dix ans suivants sa résiliation
- de ne pas fabriquer, vendre ou promouvoir les produits d'une source quelconque qui seraient en concurrence directe avec les produits de l'autre partie
- d'acheter le stock de l'autre avec une remise de 10% sur les départs usine standards, à condition de passer une commande minimum de £400 ou 3200FF
- de régler les factures dans les 60 jours suivants la date de facturation que l'acheteur ou l'importateur paie tous les frais de transport, de stockage, de distribution et d'assurance
- que Batty commercialisera tous les accessoires et vêtements de mode en Grande Bretagne, sous le nom de marque Finesse, afin d'assurer le meilleur impact possible sur les ventes, par l'utilisation d'un nom leader français bien connu
- que chaque partie puisse, de temps en temps, effectuer des contrôles de qualité sur les procédures de fabrication et de design, en accord avec les standards propres à chacun et les procédures d'usage ou de se conformer aux corps de réglementation en vigueur dans chaque pays
- que chaque partie puisse résilier l'accord si les conditions présentées dans ce document ne sont pas remplies par l'autre partie
- que la période initiale de ce contrat de licence sera de trois ans, puis révisée

... / ...

10 Le partenariat

Michael Proudie's survival guide:

I reach Finesse a few minutes late – again – because the ward doctor could not be found to discharge me. Fortunately I have all the correct paperwork (the E111 form I got from Hastings Post Office did the trick) and all my treatment is free.

The draft agreement Dominique brought to the hospital has one or two differences to what was agreed the previous day, and I have to force the issue with M. Doulu. He is happy enough to concede and before long our agreement is formalised. Maurice told me to look out for the French habit of saying one thing and putting another in writing. I see no reason why they should be any worse in this respect than anyone else, although it is true to say that a meeting in France is not necessarily a decision-making forum but an opportunity for an exchange of views.

Listen and solve (10A):

How late is Proudie?

DOULU *Est-ce que tout est prêt, Dominique?*
LAPOTAIRE *Oui.*
DOULU *Comment allait M. Proudie quand tu l'as vu ce matin?*
LAPOTAIRE *Pas trop mal. Bien en fait. De plus, il plaisantait.*
DOULU *Est-ce que tu lui as donné le document ce matin?*
LAPOTAIRE *Oui. Il n'avait pas beaucoup de temps pour le lire, car il devait déjeuner, se préparer et partir.*
DOULU *Il a l'air assez insouciant, être blessé comme ça alors qu'il avait une réunion d'affaires le lendemain. Ça ne me semble pas très professionnel.*
LAPOTAIRE *Je ne crois pas que ce fût de sa faute.*
DOULU *Quelle heure est-il? Mon dieu, déjà 3h10. Où est M. Proudie?*
DOULU *Doulu, j'écoute.*
RECEPTION *C'est la réception, M. Doulu. M. Proudie vous attend à la réception.*
DOULU *Et bien, demandez-lui de monter.*
LAPOTAIRE *Veux-tu que je participe à la réunion ou dois-je continuer avec*

mon travail?

DOULU *Non. Ce n'est pas la peine que tu viennes; cependant tu pourrais venir lorsque l'on signera. On aura besoin d'un témoin, je suppose.*

LAPOTAIRE *Entendu.*

What invitation does Doulu give Dominique?

DOULU *Si tout se passe bien, puis-je t'inviter à dîner ce soir pour fêter le partenariat?*

LAPOTAIRE *Merci pour l'invitation, mais non, pas ce soir. Je suis un peu fatiguée.*

LAPOTAIRE *Ah, Michael, entre.*

PROUDIE *Rebonjour Dominique, bonjour M. Doulu. Comment allez-vous?*

LAPOTAIRE *Bien merci, Michael. Je suis contente de te voir rétabli.*

DOULU *J'espère que vous allez mieux, M. Proudie.*

PROUDIE *Oui, beaucoup mieux, merci. C'était très agréable d'avoir de la visite, Dominique.*

LAPOTAIRE *De rien. A plus tard.*

DOULU *Est-ce que vous avez lu les ébauches que Mme Lapotaire vous a personnellement délivrées?*

PROUDIE *Oui, bien sûr. Je vois qu'il y a quelques changements par rapport à l'accord d'origine.*

DOULU *Seulement de petits détails, je suppose.*

PROUDIE *Laissez-moi voir.*

Have your say (10A):

Maurice is being questioned by gendarmes. Fill in his bubbles.

Hier soir? Je dînais avec ma femme à l'hôtel. Last night? I was having supper with my wife at the hotel.

Bootle. Maurice Bootle. Je suis à l'Hôtel de la Gare. Bootle. Maurice Bootle. I am staying at the Hotel de la Gare.

Certainement pas! Je suis un touriste britannique et je n'ai jamais jeté de poisson de ma vie. Certainly not! I am a British tourist, and I have never in my life thrown fish at anything or anyone.

Non, je n'étais pas du tout près de la place du marché. Nous sommes restés à l'hôtel pour la plupart de la soirée. No. I was nowhere near the market place. We stayed in the hotel for most of the evening.

M.A.U.R.I.C.E. B.O.O.T.L.E. M.A.U.R.I.C.E. B.O.O.T.L.E.

Si, nous nous sommes promenés dans le parc de l'hôtel vers 9h30. Yes, we went for a walk in the hotel gardens at about 9.30 p.m.

Sorry I didn't quite catch that .... répétez s'il vous plaît

Michael Proudie's survival guide:

We sign the agreement. I have to leave at 4.30 for a final check-up at the hospital, which causes Doulu to remark about our famous sense of punctuality. The British are known for being accurate, even fussy, about timings – but apparently this does not affect us all.

I get lost too easily in the wealth of detail which comes into the discussion. The French like to talk through all the minutiae. Where we are perhaps too bureaucratic you could say they are excessively 'technocratic'. Sometimes I think the French get so wound up in technical detail that they cannot see the wood for the trees. Dominique later suggested the British are unable to see the trees because of our fog.

Listen and solve (10B):

Now back to the hospital for a check-up. How does Proudie get there?

DOULU *Bien, je crois que nous sommes tous d'accord. Nous pouvons considérer la réunion terminée et le partenariat confirmé. Ah, Dominique...*

LAPOTAIRE *Vous êtes prêts?*

PROUDIE *Oui, tout est prêt.*

DOULU *Excellent. Alors, je vais maintenant signer les documents. Voilà.*

PROUDIE *Après vous. Je dois maintenant retourner à l'hôpital pour un examen médical à 17h.*

LAPOTAIRE *Je vais vous emmener.*

PROUDIE *Non, ce n'est pas la peine. Je peux marcher.*

DOULU *Dominique, n'oublie pas le problème-Télécom.*

LAPOTAIRE *Puis-je m'en occuper après avoir emmené M. Proudie à l'hôpital?*

DOULU *D'accord.*

PROUDIE *C'est très gentil. Au revoir M. Doulu. A la prochaine.*

DOULU *Au revoir M. Proudie. A demain Dominique.*

LAPOTAIRE *A demain Jean-Louis. Est-ce que tu es prêt, Michael?*

Have your say (10B):

Maurice is interviewing a candidate. Fill his bubbles from the sentences overleaf.

Très bien. Je prends note et nous vous contacterons. Merci d'être venu, au revoir.   Fine. I'll make a note of that, and we'll be in touch. Thank you for coming, goodbye.

Vous n'avez pas du tout de diplômes? Ça ne fait rien.   You have no certificates at all? Oh well, never mind.

Commençons. Depuis combien de temps travaillez-vous dans le marketing?   Let's begin. How long have you been working in marketing?

On accorde toujours beaucoup plus d'importance à la personnalité des candidats.   We always put much more emphasis on personality in the interview.

Bien. Et finalement quand pourriez-vous commencer à travailler?   Good. And finally when will you be able to start work?

Hein. Vous avez des diplômes?   Ah, you have some certificates?

Michael Proudie's survival guide:

On the way to the hospital Dominique offers me dinner at her flat.

The doctor tells me to take it easy for a few days and sends me on my way. Then down to centre ville to buy some flowers and chocolates. Never buy wine unless you are serious about sharing the costs. Wine is chosen to complement individual courses and is an integral part of the meal.

I hurry back to the hotel for a shower, and with time to spare soak up some late sun on the terrace. I chat to another guest, who has heard about the rugby match and the English 'hooligan' taken to hospital, and he refuses to believe it was me. A waiter comes and we ask for eau minérale. You can sit down in a French bar, and sooner or later a waiter will appear. More peaceful, more relaxing than the beery scrummage at the Fox and Goose, though Maurice might disagree.

Set off in good time for Dominique's flat, and in the dusk of a very warm day stroll towards the village. Cooler air is drifting down from the woods above the hotel, and the whole place is restful. The high pitch of mopeds breaks the peace, but they too are celebrating escape from life's daily grind. I walk through the old square and beyond the delicious array of scents wafting out of restaurants.

Dominique's apartment is in on the opposite edge of the village, some twelve minutes walk from the hotel. I am almost there when I realise I've left the flowers behind. Heart sinks. I race back to the hotel, fly up to my room, scoop up dripping flowers from the basin, hurry back down the corridor, and crash into the wife of the nice person I met on the terrace. Her shopping is scattered all over the place, and I pick it up as best I can. She seems a bit shocked and speaks French extremely fast, but her husband is very kind about it and tells her I'm English.

Key phrases:

je voudrais vous inviter à dîner chez moi *I would like to invite you to dinner at our house*

j'accepte avec plaisir *I accept with pleasure*

je regrette mais je ne peux pas *I am sorry but I cannot*

venez à 20h30 *come for 8.30 pm*

c'est délicieux *it's delicious*

à votre santé et bon appétit! *good health and enjoy the meal!*

je vous remercie de votre hospitalité *thank you for your hospitality*

Now practise your skills:

1. Invite a friend to dinner tomorrow night.
2. As the guest (a) accept and (b) decline this invitation.
3. Say how much you like (a) the food (b) clothes (c) their house and furnishings.
4. Finally, thank them for the dinner and hospitality.

Reading French:

From Hélène Rivat's CV which follows, identify whether she (a) is married (b) can drive (c) speaks German (d) likes fishing (e) is familiar with computers (f) has experience of organizing people.

Hélène RIVAT   21 Ans
21, Avenue St Georges   Célibataire
31400 TOULOUSE   Nationalité française
                                Permis de conduire B

FORMATION INITIALE

1993-5
Diplômée de l'Ecole de Gestion Commerce et Informatique
(E.G.C.I.), sous l'égide de la Chambre de Commerce de
Toulouse. Cette formation professionnelle BAC + 3, centrée
sur les besoins de l'Entreprise privilégie 6 champs
d'investigation :

        Culture d'Entreprise et développement personnel
                        Marketing
        Action commerciale et ouverture internationale
                Gestion comptable et financière
                    Outils informatiques
                    Stages en entreprises

1992 BAC D (Mathématiques, Biologie, langues vivantes, Latin)

LANGUES ETRANGERES

Anglais: Niveau courant.
Espagnol   Niveau compétent

EXPERIENCES PROFESSIONNELLES

A Présent: Assistante dans une banque, Toulouse (Phoning,
relance de clients, ventes, démonstrations)

ATOUTS PARTICULIERS

Motivée, dynamique, efficace sont des termes qui sont
ressortis après chaque mission qui m'a été confiée, dans mes
stages ou lors de mes études.

CENTRES D'INTERET

Voyages,Gymnastique,Escalade

Writing French:

Write a letter in French to Jean-Louis Doulu, whom you do not know well, recommending Hélène Rivat to the post of administrator at Finesse (use previous examples of letters to help you).

Pronunciation – chez Dominique:

poison, poisson, 'r',

qui ne risque rien n'a rien

je tiens la main dans le train

la fin justifie les moyens

toujours, important

nous sommes ouverts

nous avons vu que vous êtes ouverts

> Listen to this on the cassette and repeat the words and phrases below

Il dit non avec la tête
Mais il dit oui avec le coeur
Il dit oui à ce qu'il aime
Il dit non au professeur

French Grammar Rules

G.D.A.Sharpley

No frills, no jargon. This is a thorough introduction
to the nuts and bolts of French, with clear and
helpful coverage of the essentials. The text includes
cartoon-based exercises, translation drills and
vocabulary reinforcement.

ISBN   0-952-8071-1-4

Obtain a copy at a bookshop,
or send a SAE to the publisher for an order form.

 Multilingua
Park House, 13 Charlotte Street,
Bristol, BS1 5PP